Mazen Alazazmeh

Os efeitos sociais dos megaprojectos em Amã

O caso do Projeto de Regeneração Urbana de Al-Abdali

ScienciaScripts

Imprint

Any brand names and product names mentioned in this book are subject to trademark, brand or patent protection and are trademarks or registered trademarks of their respective holders. The use of brand names, product names, common names, trade names, product descriptions etc. even without a particular marking in this work is in no way to be construed to mean that such names may be regarded as unrestricted in respect of trademark and brand protection legislation and could thus be used by anyone.

Cover image: www.ingimage.com

This book is a translation from the original published under ISBN 978-3-659-85108-7.

Publisher:
Sciencia Scripts
is a trademark of
Dodo Books Indian Ocean Ltd. and OmniScriptum S.R.L publishing group

120 High Road, East Finchley, London, N2 9ED, United Kingdom
Str. Armeneasca 28/1, office 1, Chisinau MD-2012, Republic of Moldova, Europe

ISBN: 978-620-3-59216-0

Copyright © Mazen Alazazmeh
Copyright © 2024 Dodo Books Indian Ocean Ltd. and OmniScriptum S.R.L publishing group

Índice

Agradecimentos 2
Acrónimos e esclarecimentos 3
Capítulo 1: Introdução 4
Capítulo 2: Revisão da literatura 7
Capítulo 3: Contexto da investigação 13
Capítulo 4: Metodologia de investigação 28
Capítulo 5: Análise e resultados da investigação 31
Capítulo 6: Conclusão 56
Bibliografia 63
Apêndice 68

Agradecimentos

Gostaria de agradecer aos meus dois supervisores, o Prof. Schonig e o Dr. Schipper, pela sua valiosa orientação e apoio ao longo deste trabalho.

Agradecimentos especiais ao Prof. Yasser Rajjal, ao Arq. Laith Al-Adwan, e a todos os que gentilmente deram o seu contributo para este livro.

Estou grato a todos os meus amigos que me ajudaram e motivaram durante os meus estudos.

Por último, dedico este livro à minha família, que me apoiou e encorajou incessantemente ao longo da minha vida.

Obrigado a todos...

Acrónimos e esclarecimentos

Al-	in Arabic, is a grammatical article that is translated in English to "the", thus the disuse of the English article in the presence of "Al", such as in front of "Al-Abdali"
Jabal	in Arabic, means "mountain" in English, and is sometimes used in the plural form "Jabals"
Downtown	also "Al-Madeinah district" and "Al-Balad", are all related terms used throughout the book to refer to Amman's historical city center
GAM	Greater Amman Municipality
AURP	Al-Abdali Urban Regeneration Project
AID / Abdali Psc.	Abdali Investment & Development Company
USD	United States Dollar
JOD	Jordanian Dinar. One JOD is in the range of 1.4 USD (2015).

Capítulo 1: Introdução

1.1 Apresentação do problema de investigação

Depois de assistir ao nascimento e ao "sucesso" do modelo do Dubai, a acumulação de capital tem sido a principal preocupação das cidades de todo o Médio Oriente. Os países estão a comercializar as suas cidades representativas para atrair investimentos internacionais com a ambição de gerar crescimento económico e desenvolvimento.

Ao elogiar a promoção imobiliária como a nova "religião" (Daher, 2011), a região introduziu os "megaprojectos árabes", mega em relação à sua escala, custo e efeito, como a principal tendência no planeamento urbano árabe contemporâneo (Barthel, 2010), em contraste com a abordagem mais sensível de meados do século XX, quando uma escala mais humana era dominante.

As cidades do Médio Oriente estão sujeitas a constantes mudanças económicas, políticas e estruturais. As recentes crises em países como o Iraque, a Síria e o Líbano reforçaram a imagem da Jordânia como um porto seguro para as empresas e os investimentos. Para promover ainda mais a sua capital, Amã, foi adoptada uma abordagem mais liberal em relação aos investimentos globais, que a apresenta "como uma nova cidade que está em conformidade com os padrões globalizados de rapidez, eficiência e conetividade" (Parker, 2009: 110).

Embora os investimentos fossem variados e não se limitassem a transformações no ambiente urbano construído de Amã, os projectos de grande escala foram o principal foco dos fluxos de petrodólares para a cidade desde o início do século XXI (Musa, 2013). Como resultado, Amã registou um boom imobiliário na última década, que afectou grandemente a estrutura espacial da cidade.

Christopher Parker (2009: 110) descreve Amã, com os seus numerosos e crescentes projectos de desenvolvimento, como uma "cidade de grandes buracos". Entre os desvios necessários para a realização de obras em pontos estratégicos da rede viária da cidade, deparamo-nos com numerosas zonas de construção vedadas, enfeitadas com painéis publicitários que permitem vislumbrar o futuro brilhante que está reservado para o local".

Infelizmente, estes "buracos" não são apenas obstáculos espaciais ou visuais e tendem a criar vários desafios quando são construídos. Enquanto muita tinta tem sido gasta nos processos e consequências dos mega-desenvolvimentos ligados ao Norte Global, pouco trabalho tem sido feito sobre os casos do Médio Oriente. Numerosos artigos e dissertações sublinham a necessidade de estudar os impactos das recentes transformações urbanas no ambiente construído de Amã e de prestar homenagem à sua influência nas comunidades locais (Daher, 2013; Musa, 2013; Summer,

2006).

Figura 1: Sítio de Al-Abdali em construção no ano de 2007 (Abdali, 2012).

Em Amã, o maior e mais dominante "buraco" criado até à data é o projeto de regeneração urbana Al-Abdali, que abrange uma área de 384 000 m² no coração da cidade, avaliado em mais de 5 mil milhões de dólares. Anunciado como o melhor centro comercial, residencial e de entretenimento de Amã, o projeto deverá lançar "a cidade no século XXI, colocando-a ao nível da maioria dos centros urbanos de renome mundial", "provocando assim um afluxo sem precedentes de investimentos da Jordânia e da região" (Abdali, 2012a).

Divulgado como a "Nova Baixa de Amã", e situado a menos de dois quilómetros da original, o projeto terá um impacto significativo na estrutura da cidade, introduzindo vários desafios ao tecido existente. Composto principalmente por espaços comerciais e residenciais de gama alta, considera-se que o projeto vira as costas à baixa original e aos seus utilizadores, desencorajando a sua integração no ambiente circundante.

Utilizando o AURP como estudo de caso, este trabalho investiga a hipótese de que tais megaprojectos tendem a dar prioridade à acumulação de lucros em detrimento do bem-estar social e podem ter repercussões sociais negativas quando inseridos em sistemas de planeamento neoliberal. Para o efeito, recorre a uma abordagem de métodos mistos que consiste em entrevistas semi-estruturadas com representantes e peritos do projeto, documentos oficiais e dados demográficos.

1.2 Questões e objectivos da investigação

Para analisar se a hipótese enunciada se aplica ao caso de Amã, as perguntas seguintes servirão de enquadramento à investigação:

- Que interesses e processos impulsionam os megaprojectos neoliberais de Amã?
- Quais são os impactos de tais megaprojectos na estrutura social da cidade? - Que desafios criam estes projectos no tecido existente?

Ao examinar o caso do AURP, o maior projeto de desenvolvimento imobiliário de Amã, o livro pretende analisar os impactos diretos e indirectos de projectos tão monumentais na comunidade local, lançando luz sobre a relação entre o planeamento neoliberal e o bem-estar social.

O objetivo desta dissertação é compreender os processos de investimentos globais sob a forma de megaprojectos durante o início do século XXI em Amã, e analisar as suas consequências no tecido envolvente. O trabalho pretende sensibilizar e servir de modelo de estudo para que futuros projectos evitem tais consequências, salientando a necessidade de adotar medidas de conceção e implementação mais sensíveis ao local e socialmente inclusivas.

1.3 Estrutura do livro

Incluindo este capítulo introdutório, o livro está dividido em seis capítulos. O segundo capítulo é a revisão da literatura sobre tópicos relevantes, incluindo o neoliberalismo e a gentrificação. O livro começa com este capítulo para introduzir os leitores aos conceitos numa fase inicial da investigação.

O capítulo três introduz o contexto do AURP, começando com uma breve história sobre o desenvolvimento de Amã e uma explicação da sua estrutura atual, seguindo-se uma descrição da reforma económica no âmbito da qual o projeto foi introduzido e, finalmente, apresentando o próprio projeto. O capítulo seguinte descreve a metodologia adotada para a investigação, apresenta e presta homenagem aos entrevistados.

O capítulo cinco explica os resultados da investigação e analisa as influências sociais diretas e indirectas do estudo de caso. A título de conclusão, o último capítulo discute os resultados em relação à teoria e à hipótese formulada, salientando a necessidade de uma nova abordagem do planeamento neoliberal.

Capítulo 2: Revisão da literatura

2.1 Neoliberalismo

Nas últimas duas décadas, o conceito de "neoliberalismo" tem sido frequentemente utilizado e aplicado em debates sobre o ambiente político, económico e construído. Mas o que é que isso significa? A designação neoliberalismo sugere uma forma nova e renovada de liberdade no pensamento político. O liberalismo é, sem dúvida, um conceito muito vago e ramificado. É bastante difícil determinar exatamente quais as ideologias e crenças que os liberais tinham em comum, pois havia muitos "liberalismos" (Ryan, 1993). No entanto, Ryan categoriza estas ideologias em dois grupos principais, o liberalismo "moderno" e o "clássico", estando este último associado a liberais mais antigos, como Adam Smith (ibid). Thorsen e Lie tentam sugerir uma definição inclusiva, descrevendo o liberalismo como "um programa político ou ideologia cujos objectivos incluem, sobretudo, a difusão, o aprofundamento e a preservação da democracia constitucional, do governo limitado, da liberdade individual e dos direitos humanos e civis básicos que são fundamentais para qualquer existência humana decente" (2006: 7).

Apesar de Thorsen e Lie (2006: 4) associarem o liberalismo "clássico", tal como o neoliberalismo, à "crença de que o Estado deve ser *mínimo*, o que significa que praticamente tudo, exceto as forças armadas, a aplicação da lei e outros 'bens não-excludentes', deve ser deixado à livre negociação dos seus cidadãos e às organizações que eles escolhem livremente estabelecer e participar", defendem que o neoliberalismo deve ser abordado como uma ideologia única que é bastante diferente e oposta aos bens comuns do liberalismo. No entanto, não há dúvida de que o neoliberalismo tem raízes no liberalismo "clássico".

Então, mais uma vez, o que é o neoliberalismo? Uma das definições mais meticulosas apresentadas até à data é a de David Harvey no seu "A Brief History of Neoliberalism". Segundo Harvey, "o neoliberalismo é, em primeiro lugar, uma teoria das práticas económicas políticas que propõe que o bem-estar humano pode ser melhor promovido através da libertação das liberdades e competências empresariais individuais num quadro institucional caracterizado por fortes direitos de propriedade privada, mercados livres e comércio livre" (Harvey, 2005: 2). O papel do Estado continua assim a ser o de criar e preservar todos os meios necessários para o bom funcionamento deste quadro institucional com intervenções mínimas (ibid).

Neste sentido, o neoliberalismo não se relaciona com os pensamentos e valores liberais dominantes, é, como Harvey sublinha, uma "teoria das práticas económicas políticas" e não uma ideologia política "propriamente dita" (Thorsen e Lie, 2006). Saad-Filho e Johnston afirmaram no ano de 2005 que "vivemos na era do neoliberalismo" (2005). Meia década depois, Harvey acredita ainda no domínio do neoliberalismo a par das suas práticas imutáveis, argumentando que certos aspectos do mesmo foram até intensificados (Harvey, 2011).

Desenvolvimento geográfico desigual

Segundo Harvey, o problema do "escoamento do excedente de capital" é uma das principais questões com que se confrontam as nossas economias desde a década de 1970. Em ambientes estabilizados e seguros, os capitalistas produzem lucros por natureza. Coloca-se assim a questão de saber o que fazer com este excedente. Para que um capitalista permaneça no mercado muito competitivo do capitalismo, pelo menos uma parte desse excedente tem de ser reinvestida. O resultado é um reinvestimento perpétuo num âmbito em expansão sob o neoliberalismo, o que, por sua vez, aumenta a produção de excedentes (Harvey, 2011; Harvey, 2012). Esta concentração de riqueza e, consequentemente, de poder na classe alta, entre empresas transnacionais e grupos de elite, é atribuída por muitos à implementação das ideologias políticas e económicas do neoliberalismo.

Antes do início do neoliberalismo, o Estado era o ator predominante no planeamento e desenvolvimento. O domínio das políticas neoliberais no desenvolvimento urbano submeteu hoje em dia a arena urbana ao mercado livre, transferindo assim a responsabilidade do planeamento para as mãos dos promotores e investidores, permitindo que o ambiente construído assuma um papel crucial na absorção dos excedentes de capital. Assim, o neoliberalismo, pode concluir-se, está a "remodelar o nosso mundo atual" (Saad-Filho e Johnston, 2005) através de um planeamento "privado" que exerce um desenvolvimento geográfico desigual.

O ambiente construído tem assistido a numerosos projectos sem sentido em nome do excedente e da absorção de capital. Projectos de infra-estruturas supérfluas, como a ponte mais longa do mundo na China (a Danyang-Kunshan Grand Bridge, com 164.8 km de comprimento, a Danyang-Kunshan Grand Bridge, no caminho de ferro de alta velocidade Pequim-Xangai), projectos de urbanização insustentáveis e puramente estéticos, como o enorme arquipélago artificial Palm Jumeirah, no Dubai, a par de edifícios e arranha-céus emblemáticos, como o Museu Guggenheim de Bilbau e o Gherkin de Foster, respetivamente, tornaram-se modelos de desenvolvimento para promover as cidades como criativas, competitivas, cosmopolitas e globais, a fim de atrair mais investimentos e capital.

Harvey argumenta que este processo interminável de eliminação do capital sobreacumulado na urbanização "matou" a cidade tradicional, sem qualquer preocupação com as necessidades da cidade ou com as consequências produzidas (Harvey, 2012). Quase todas as cidades neoliberais testemunharam um boom de construção para a classe alta, mas "ao preço de processos crescentes de destruição criativa que implicam a desapropriação das massas urbanas de qualquer direito à cidade", resultando em desenvolvimentos geográficos cumulativos e desiguais (ibid).

As influências das práticas neoliberais não se limitam apenas ao ambiente construído, as qualidades da vida urbana também são vistas como uma vítima. O domínio do capitalismo, do globalismo, do turismo e do consumismo na economia política urbana reflecte-se na urbanidade e no estilo de vida dos habitantes locais, visando os direitos humanos, uma vez que estes são o principal discurso e o foco das sociedades actuais na sua abordagem para um mundo melhor. Assim, assiste-se a um esforço político significativo na provisão, preservação e promoção de "ideais de direitos humanos" (Harvey, 2012). No entanto, a maioria das ideologias e estratégias que circulam são individualistas e relacionadas com bens, não tendo qualquer ameaça ou preocupação com os padrões sociais, económicos ou políticos liberais e neoliberais, permitindo que o consumismo redefina a urbanidade e os direitos humanos (ibid). A globalização e os meios de comunicação de massas deram ainda mais poder ao consumismo, permitindo-lhe expandir o seu âmbito e influência relativamente a qualidades como a beleza e o estilo de vida, as necessidades e os requisitos, as necessidades e os objectivos, adaptando-os a seu favor, recorrendo perpetuamente à sociedade do espetáculo, em que as mercadorias dominam os consumidores e estes são objetos passivos que perseguem o espetáculo autenticado. O processo é muito evidente no nosso mundo atual, onde "os direitos de propriedade privada e a taxa de lucro superam todas as outras noções de direitos em que se possa pensar" (Harvey, 2012: 3).

2.2 Gentrificação

Embora o termo "gentrificação" possa ser de origem moderna, as descrições dos seus processos são tão antigas como o século XIX e têm sido recorrentes ao longo da história urbana capitalista:

O crescimento das grandes cidades modernas dá aos terrenos em certas zonas, especialmente nas zonas centrais, um valor artificial e colossalmente crescente; os edifícios construídos nessas zonas deprimem esse valor em vez de o aumentarem, porque já não pertencem às novas circunstâncias. São demolidos e substituídos por outros. Isto acontece sobretudo com as casas dos trabalhadores que estão situadas no centro e cujas rendas, mesmo com a maior sobrelotação, nunca podem, ou só muito lentamente, aumentar acima de um certo máximo. Estas são demolidas e no seu lugar são construídas lojas, armazéns e edifícios públicos. (Engels, 1872 in Harvey, 2012: 17)

Uma das primeiras introduções do termo foi feita na década de 1960 pela socióloga Ruth Glass para descrever uma tendência que estava a transformar alguns dos bairros relativamente centrais de Londres. Desde então, o termo tem merecido uma atenção generalizada, constituindo um fenómeno urbano interessante para os estudiosos de muitas subdisciplinas da ciência política urbana, resultando num quadro diversificado e internacional para o mundo académico. O processo é considerado como uma questão política que domina o discurso da reestruturação urbana moderna, desafiando consequentemente as ideologias tradicionais da residência urbana e da estrutura social (Chris Hamnett, 1991 in Lees et al., 2008)

Foi feito um esforço excessivo para definir a gentrificação e determinar se é boa ou má. O dicionário Webster define gentrificação como "o processo de renovação e reconstrução que acompanha o afluxo de pessoas da classe média ou afluentes a áreas em deterioração, que frequentemente desloca os residentes mais pobres". Tem origem nas palavras "gentry" (pessoas de nascimento gentil) e "flcation" (produção). No entanto, não é simples afirmar que uma área está em deterioração absoluta, pois pode ser bastante subjetivo, o que é percebido como em declínio para alguns pode não ser para outros. Além disso, o conceito expandiu-se ultimamente para incluir, entre outros, empreendimentos de construção nova, condomínios fechados, super-gentrificação e gentrificação comercial, variações que não se limitam a áreas construídas (por isso, nem sempre é um caso de renovação/reconstrução). Seguindo este argumento, a definição de Lees et al. (2008: xv), num dos primeiros manuais publicados sobre gentrificação, corresponde melhor ao âmbito contemporâneo do termo, ao descrevê-lo como "a transformação de uma área de classe trabalhadora ou devoluta da cidade central em uso residencial e/ou comercial de classe média". Nesta definição, o adjetivo "central" não se refere à localização geográfica da área, mas sim ao seu significado geográfico dentro da cidade, uma vez que Lees et al. argumentam no mesmo livro que a gentrificação já não está confinada à região do centro da cidade. Por conseguinte, a definição torna-se mais abrangente, uma vez que inclui também a recente variação "gentrificação rural". O processo é também descrito como uma transformação, e não simplesmente uma deslocação, pois acreditam que a gentrificação acompanha também influências socioeconómicas e culturais (ibid).

Como as raízes da gentrificação estavam em Inglaterra e na costa leste dos EUA, durante décadas o seu âmbito de estudo concentrou-se em nações e cidades ligadas ao Norte Global. Quando o processo entrou no século XXI, o falecido Neil Smith defendeu que a gentrificação poderia ser vista como uma "estratégia urbana global", afirmando que "o impulso por detrás da gentrificação é agora generalizado" e que "a sua incidência é global" (2002: 427). Ele até iniciou pesquisas sobre processos de gentrificação em todo o mundo. Isto levou os académicos a abordar o termo globalmente e a procurar uma visão mais cosmopolita, introduzindo uma série de artigos em revistas e, só recentemente, livros como "Whose Urban Renaissance? An international comparison of urban regeneration strategies", de Porter e Shaw, em 2009, e "Global Gentrifications, Uneven development and displacement", de Lees et al., em 2015, que apresentam grandes estudos de caso da Europa, América do Norte e do Sul, Ásia, África do Sul, Médio Oriente e Austrália.

A gentrificação surge de um rápido aumento do valor das propriedades devido à elevada e crescente procura nas áreas urbanas (Marcuse, 1985). Lees et al. (2015) afirmam, tal como a maioria dos outros colaboradores deste livro global, que a existência de gentrificação assenta num conjunto de condições relevantes, tais como a deslocação em todas as suas formas, a polarização de classes e o aumento do investimento colocado naquilo que Harvey define como "o circuito secundário" do ambiente construído.

Uma das definições mais proeminentes de deslocação é a de Grier e Grier, que afirmam que

A deslocação ocorre quando qualquer agregado familiar é forçado a sair da sua residência devido a condições que afectam a habitação ou a sua envolvente imediata e que: 1) estão para além da capacidade razoável do agregado familiar para controlar ou evitar; 2) ocorrem apesar de o agregado familiar ter cumprido todas as condições de ocupação previamente impostas; e 3) tornam a ocupação continuada por esse agregado familiar impossível, perigosa ou inacessível. (1978 in Marcuse, 1985: 205)

Marcuse (1985) adoptou esta definição e levou-a mais longe para conceptualizar quatro tipos de deslocação: deslocação directa do último residente (deslocação de natureza física ou económica), deslocação directa em cadeia (este tipo de deslocação tem em conta os agregados familiares anteriores ao último residente que foram vítimas anteriores do processo de gentrificação), deslocação de exclusão (restrições aos espaços gentrificados de acordo com a classe social) e pressão de deslocação (forças subjectivas que encorajam os agregados familiares circundantes a mudarem-se). Numa abordagem para simplificar estes termos, a deslocação directa é vivida pelos agregados familiares de classe social baixa na fase inicial do processo de gentrificação, enquanto a deslocação indirecta (deslocação por exclusão e por pressão) é vivida continuamente pelos pobres nas áreas gentrificadas.

Harvey sublinha a última condição da gentrificação e o poder das forças económicas na produção do ambiente urbano construído em nome de outras forças não económicas, afirmando que os processos de gentrificação estão "no centro do processo urbano sob o capitalismo" e que as consequências são uma "imagem espelhada da absorção de capital através do redesenvolvimento urbano" (Harvey, 2012: 18). Por outro lado, Van Weesep (1994: 80) argumenta que os sintomas, influências e abordagens da gentrificação são maioritariamente formados pelo contexto local, degradando o "porquê" do processo em relação ao seu "como" e à geografia da gentrificação (o papel do Estado e da sua política, o poder e o objetivo dos gentrifiers, as microestruturas da área, o processo de desenvolvimento, etc.). No entanto, certas condições, precisamente as sugeridas por Lees et al., parecem aparecer e repetir-se em contextos globais.

A gentrificação em nome da regeneração, revitalização, renascimento, renovação, redesenvolvimento, rejuvenescimento, reestruturação, ressurgimento, reurbanização e residencialização (Peck e Tickell, 2002), gerada por sucessivos ciclos de investimento, parece ser convencional nas cidades de hoje, resultando em vários desafios e preocupações para as estruturas socioeconómicas. O urbanismo neoliberal está ligado a um aumento de tais projectos de desenvolvimento para o bem genuíno do capital e da absorção de excedentes e, assim, para o benefício perpétuo dos capitalistas de alta classe. Os estudiosos no campo da ciência política urbana há muito que reconheceram e criticaram esta relação, argumentando que a gentrificação não é meramente um subproduto do planeamento neoliberal, mas sim uma parte quintessencial do mesmo, uma estratégia para que os capitalistas continuem a ser capitalistas (Smith, 2002; Lees et al., 2008; Harvey, 2012). Através da gentrificação, o neoliberalismo, indiretamente, a classe média está a reivindicar/recuperar espaços e regiões do interior da cidade à custa da classe trabalhadora menos poderosa, empurrando-a para locais com opções de habitação mais acessíveis, tipicamente na periferia e nas franjas da cidade. Assim, negando-lhes o seu "direito à cidade", se é que alguma vez existiu. "O direito à cidade realmente existente, tal como está agora constituído, está confinado de forma demasiado estreita, na maioria dos casos nas mãos de uma pequena elite política e económica que está em posição de moldar a cidade cada vez mais de acordo com as suas próprias necessidades particulares e o desejo das artes" (Harvey, 2012: 24).

Capítulo 3: Contexto da investigação

A Jordânia é um pequeno país do Médio Oriente que faz fronteira com a Síria, o Iraque, a Arábia Saudita e a Palestina. As terras altas ocidentais da Jordânia albergam as principais cidades do país, que representam cerca de 75% da população total (Makhamreha & Almanasy- eha, 2011). Amã, a capital da Jordânia, é considerada uma das cidades de crescimento mais rápido do mundo. Uma cidade que começou na década de 1920 como uma pequena povoação agrária com pouco mais de 2000 habitantes é atualmente uma metrópole significativa com uma população de mais de 2 milhões de habitantes.

3.1 Breve história: o desenvolvimento da cidade

Amã pode ter origens modernas, mas as suas raízes são muito profundas, com povoações que remontam a tempos pré-históricos. No século XIII a.C., sob o domínio dos amonitas, a região recebeu o nome de Rabat Amon. Rabat Amon (também conhecida como Rabbath Ammon) foi então conquistada pelos assírios, seguida pelos persas e, mais tarde, pelos gregos macedónios, que lhe deram o nome de Filadélfia. Depois de fazer parte do reino nabateu, a cidade juntou-se à Decápole sob o domínio dos romanos. Durante a era Ghassaniana, manteve o nome de Amã e floresceu durante os califados Omíada e Abássida. (GAM, 2009)

No período que se seguiu, Amã foi escassamente habitada até ao final do século XIX, altura em que os circassianos, um grupo de muçulmanos maioritariamente sunitas, afluíram gradualmente à cidade sob o domínio otomano, após o seu êxodo da sua terra natal no Norte do Cáucaso, como parte da conquista russa. Instalaram-se na zona do atual centro da cidade, em torno do histórico anfiteatro romano onde existia o "Seil" (rio). Em 1908, a abertura do caminho de ferro Hejaz introduziu mais habitantes da região (Shami, 1996). A cidade conheceu um crescimento significativo na década de 1920, quando se tornou a capital oficial do Emirado da Transjordânia, a região da atual Jordânia, antes de conquistar a sua independência dos britânicos em 1946.

Entre as décadas de 1940 e 1960, registou-se um crescimento drástico da população de Amã. As guerras regionais foram o principal fator responsável por esta imensa alteração demográfica, nomeadamente os conflitos israelo-árabes. O rescaldo da primeira guerra israelo-árabe, em 1945, trouxe mais de 200.000 refugiados palestinianos para Amã e os seus arredores. Já a Guerra dos Seis Dias, em 1967, provocou a deslocação direta de cerca de 180.000 palestinianos-jordanos da Cisjordânia (território jordano antes da guerra) para a capital (ONU, 2005).

Em consequência da guerra de 1967, a economia da Jordânia foi devastada. No entanto, foi obrigada a suportar o fluxo contínuo de palestinianos. O fornecimento de abrigo tornou-se a prioridade do país, o que aconteceu rapidamente. Assim, os colonos "afectaram a habitação e, por sua vez, esta também os afectou a eles" (El-Ghul, 1999).

A economia do país começou a recuperar com o regresso dos expatriados ricos dos países vizinhos ricos em petróleo, após a crise petrolífera de 1973, e floresceu com a chegada de libaneses ricos que fugiram do Líbano durante a eclosão da Guerra Civil no ano de 1975. Embora milhares de libaneses se tenham mudado para Amã, poucos ficaram efetivamente na cidade (ONU, 2005). A sua presença, embora breve, resultou num boom económico que influenciou o mercado imobiliário, melhorou os padrões de construção e introduziu novas formas arquitectónicas, colocando Amã em contacto com o estilo internacional (El-Ghul, 1999). Este boom, por sua vez, atraiu muitos trabalhadores não só de outras partes da Jordânia, mas também de países vizinhos.

Mais tarde, no início da década de 1990, centenas de milhares de jordanos deslocaram-se dos Estados do Golfo em consequência da Guerra do Golfo, principalmente para Amã. Mas as consequências da Guerra do Golfo não se limitaram apenas ao afluxo de jordanos, pois muitos cidadãos iraquianos também procuraram a Jordânia em busca de melhores condições de vida e de estabilidade política (ONU, 2005). As vagas de cidadãos iraquianos para a Jordânia prosseguiram com a eclosão da Guerra do Iraque de 2003. Em 2007, estimava-se que mais de 400.000 iraquianos residiam no país (Instituto Norueguês de Investigação Fafo et al., 2007). Ao contrário da situação dos antigos refugiados palestinianos, uma grande parte dos cidadãos iraquianos que entraram na Jordânia eram abastados e, à semelhança dos expatriados jordanos regressados, incentivaram estilos de vida e padrões de consumo abastados (ONU, 2005).

A guerra e a instabilidade regionais continuam a influenciar a Jordânia no século XXI através dos conflitos da primavera Árabe, em particular a atual guerra civil síria que começou em 2011. A guerra da Síria teve um impacto significativo na estrutura demográfica de Amã, e o número de refugiados irá muito provavelmente aumentar. Antes da crise, cerca de 750.000 sírios viviam no país. Desde o início do conflito, mais de 600.000 refugiados sírios entraram na Jordânia, aumentando a população síria para cerca de 1,4 milhões (Jordan Times, 2014; Ministério do Planeamento e da Cooperação Internacional, 2014). Aproximadamente 85% das pessoas que chegaram no pós-guerra instalaram-se fora dos campos, exercendo pressão sobre o ambiente construído da Jordânia, principalmente em Amã, Mafraq, Irbid e Al-Zarqa (Ministério do Planeamento e da Cooperação Internacional, 2014). Quanto a Amã, considera-se que acolhe mais de 790.000 sírios, constituindo mais de 20% da população total da cidade (Jordan Times, 2014).

Os dados mais recentes do Departamento de Estatística da Jordânia remontam ao ano de 2013, estimando a população de Amã em 2 528 500 pessoas, o que representa 38,7% da população total (2013), mas este número exclui os refugiados sírios. Em abril de 2014, o presidente da câmara de Amã, Aqel Biltaji, declarou que a população da capital tinha aumentado para cerca de quatro milhões de habitantes (Jordan Times, 2014).

Pode concluir-se que as pessoas se acumularam em Amã por três razões principais: cultural, política e bélica (El-Ghul, 1999). No tempo da Transjordânia, a população da região era constituída principalmente por povos tribais. Algumas destas tribos eram sedentárias, outras semi-assentadas e outras ainda eram nómadas que vagueavam pela capital (Alon, 2007). As deslocações frequentes entre as duas margens do rio Jordão eram muito comuns por razões agrícolas e sociais.

Após a independência da Jordânia, as políticas oficiais do Estado encorajaram a fixação urbana dos beduínos, os árabes nómadas do deserto que viviam na área geográfica da Transjordânia (El-Ghul, 1999). Para além disso, a decisão política de colocar instalações militares nas cidades também aumentou a migração urbana das famílias do exército.

Quanto à guerra, é considerada a principal responsável pelo crescimento da cidade. Os acontecimentos políticos inesperados no Médio Oriente, desde a segunda metade do século XX, obrigaram a capital a receber um grande número de migrações dos países vizinhos. Como resultado, o planeamento urbano persistente era quase impossível. A cidade foi numerosamente forçada a adaptar-se às súbitas mudanças demográficas, e fê-lo de uma forma que resultou numa expansão fenomenal do ambiente urbano construído. A estabilidade política, a segurança e a proximidade de Amã continuam a atrair refugiados, destacando-a como uma "cidade de refugiados" (El-Ghul, 1999).

3.2 Segregação em Amã

Os bairros residenciais da Amã contemporânea estão familiarizados com a divisão social que resultou da sua história de rápida expansão. Este facto pode ser originado pelo crescimento inicial de Jabal Amman como um dos bairros mais ricos da cidade, a oeste de Al-Balad, e pela formação dos campos de refugiados palestinianos oficiais das Nações Unidas no interior leste da cidade. Esta tendência manteve-se à medida que a cidade se desenvolvia e as regiões se distanciavam. O resultado foi uma capital que tem como habitat uma população de rendimentos relativamente elevados, com densidades baixas que variam entre 2500-6000 habitantes/km^2 a oeste, e um contraste de grupos mais pobres com densidades que variam entre 14.000 e 30.000 habitantes/km2 a leste (Potter et al., 2009).

Os guias actuais também estão conscientes desta segregação social que parece dividir o espaço urbano da cidade: "Os habitantes falam abertamente de duas Amãs, embora na verdade existam muitas. A Amã Oriental (que inclui a Baixa) é a casa dos pobres urbanizados: é conservadora, mais islâmica nas suas simpatias e tem vastos campos de refugiados palestinianos na sua periferia. A Amã ocidental é um mundo à parte, com bairros residenciais arborizados, cafés e bares da moda, galerias de arte impressionantes e jovens de ambos os sexos a passear abertamente de braço dado" (Ham & Greenway, 2003:98).

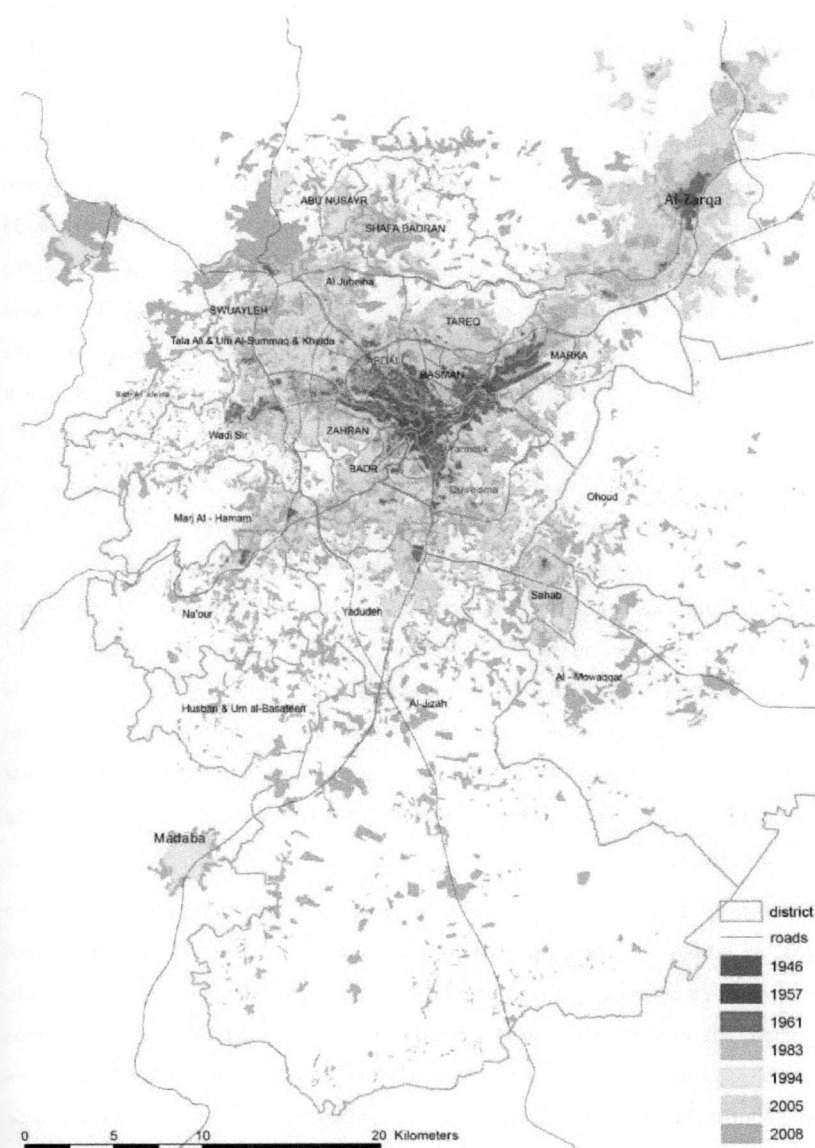

Figura 2: O crescimento urbano das duas cidades mais populosas da Jordânia, Amã e Al-Zarqa (nordeste do mapa), entre 1946 e 2008 (Ababsa, 2013; edição do autor, 2015).

No planeamento, o município da Grande Amã classifica os terrenos residenciais em quatro categorias. As categorias recebem notações alfabéticas de A a D e diferenciam-se por caraterísticas como a dimensão mínima do lote, a percentagem máxima permitida de construção e o limite do lote. Os estudos desenvolvidos por Potter et al. e Myriam Ababsa revelam a estrutura demográfica de Amã, o que ajuda a perceber a segregação social dentro da cidade.

As categorias residenciais podem ser subdivididas em dois grupos principais de caraterísticas aproximadas. As categorias A e B têm áreas de terreno de, pelo menos, 750 m^2 (a categoria A tem um mínimo de 900 m2, enquanto a categoria B varia entre 750 e 900 m2). A área construída de ambas deve ser inferior a 50% para proporcionar limites e espaços verdes respeitáveis. Por outro lado, as categorias C e D dizem respeito a lotes com áreas inferiores a 500 m2 (os lotes da categoria C têm cerca de 400 m2 e os da categoria D têm até 200 m2). Os edifícios residenciais das respectivas categorias ocupam mais de 50% do terreno (51% permitido para a categoria C e 55% para a categoria D), pelo que se referem a zonas mais densas da cidade.

As categorias A e B concentram-se quase exclusivamente a oeste do centro da cidade, com alguns núcleos a norte e a sul. O crescimento destes tipos de edifícios pode estar relacionado com o regresso dos expatriados da classe média-alta e a constante chegada de imigrantes abastados. A construção a oeste era uma das poucas opções desta classe social, uma vez que o centro da cidade, muito denso e acidentado, tornava quase impossível o desenvolvimento de habitações espaçosas. Além disso, o estado tectónico dos edifícios existentes era mau e pouco atrativo. Isto tornou a ideia de investir e expandir-se para longe do centro da cidade muito mais apetecível para os que tinham capacidade financeira. A região oeste foi destacada, entre outras, devido à sua topografia elevada e à sua classificação histórica como um sector rico da cidade. Isto, por sua vez, deu origem ao padrão de crescimento noroeste.

A categoria D aparece principalmente no centro da cidade, no vale e nos seus arredores, bem como nos dois campos de refugiados palestinianos muito densos. Por fim, os edifícios de categoria C parecem desenvolver-se a partir da categoria anterior, com uma concentração a leste. A expansão destes dois tipos está sobretudo ligada à chegada de um grande número de refugiados palestinianos desfavorecidos na segunda metade do século XX. Na altura, Amã não tinha capacidade para suportar este aumento súbito e drástico da população. O resultado foi a construção de campos de emergência e de povoações informais adjacentes que visavam os serviços prestados pela Agência das Nações Unidas de Assistência e Obras Públicas. Os dois campos de refugiados oficiais do centro de Amã estão situados nas proximidades do centro da cidade. O campo de Al-Hussein está localizado em Jabal Al-Hussein, um dos Jabals orientais da cidade, em frente ao Jabal Amman, mais desenvolvido. O campo de Al-Wehdat situa-se a sudeste, no bairro de Al-Qwaismeh.

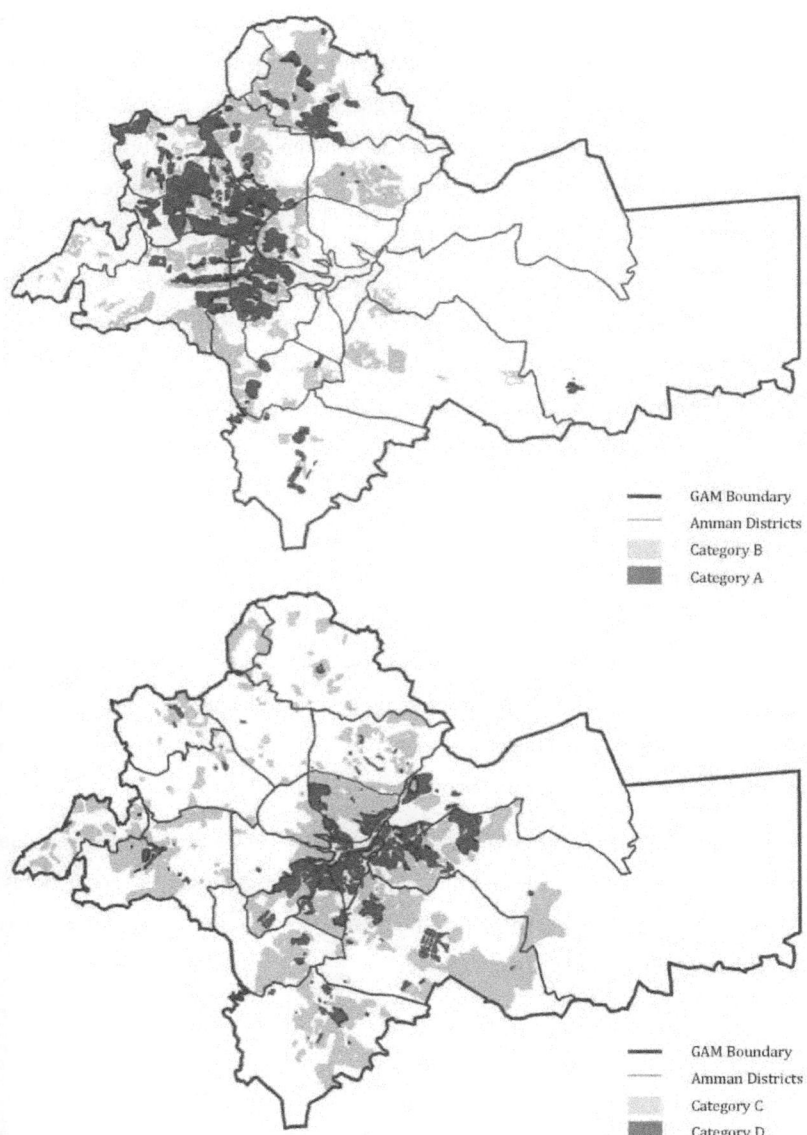

Figura 3: Categorização dos terrenos residenciais em Amã antes da expansão dos limites municipais no ano de 2007 (autor, 2015; baseado em Potter et al., 2009).

As tipologias de edifícios estão fortemente associadas a factores socioeconómicos. As habitações luxuosas e espaçosas representam um grupo social mais favorecido que as possui, enquanto os edifícios inadequados e subdimensionados representam uma classe mais baixa. Por conseguinte, a análise das categorias residenciais e das suas respectivas estruturas ajuda a perceber a segregação física da classe social em Amã. A cidade pode ser dividida em duas regiões principais: a ocidental, que alberga a classe social alta, e a oriental, que acolhe os grupos mais pobres. Este facto é também demonstrado nos mapas do estudo de Myriam Ababsa que retratam a morfologia urbana de Amã. As Dar houses (casas tradicionais de um ou dois pisos) encontram-se sobretudo a leste, enquanto as villas parecem dominar a oeste.

Assim, a segregação reflecte-se no carácter urbano da cidade. A transformação do ambiente construído é notável à medida que se passa das zonas chiques da parte ocidental de Amã, como Abdoun, para a parte oriental. A má construção e os bairros degradados substituem rapidamente as belas moradias e a arquitetura moderna, juntamente com os seus ambientes verdes. As zonas urbanas muito densas e as infra-estruturas deficientes assumem o controlo, introduzindo engarrafamentos e poluição adicionais.

No entanto, a segregação não se limita apenas ao ambiente construído, sendo também visível na mentalidade e nos costumes sociais dos respectivos grupos. A parte ocidental de Amã tem uma percentagem mais elevada de mulheres na população ativa, enquanto a parte oriental tem uma percentagem mais elevada de crianças com menos de 14 anos. Por conseguinte, é seguro assumir que a parte ocidental adquire uma mentalidade mais moderna e aberta em relação às famílias. Além disso, a percentagem de idosos é mais elevada na parte ocidental, principalmente devido à possibilidade de aceder a melhores serviços médicos.

Esta segregação contínua em Amã é o resultado de uma divisão dinâmica de classes sociais que começou numa escala não maior do que o centro da cidade e os seus Jabals circundantes. Infelizmente, os desenvolvimentos imobiliários contemporâneos estão a ampliar estas geografias de desigualdade, afastando ainda mais o leste e o oeste.

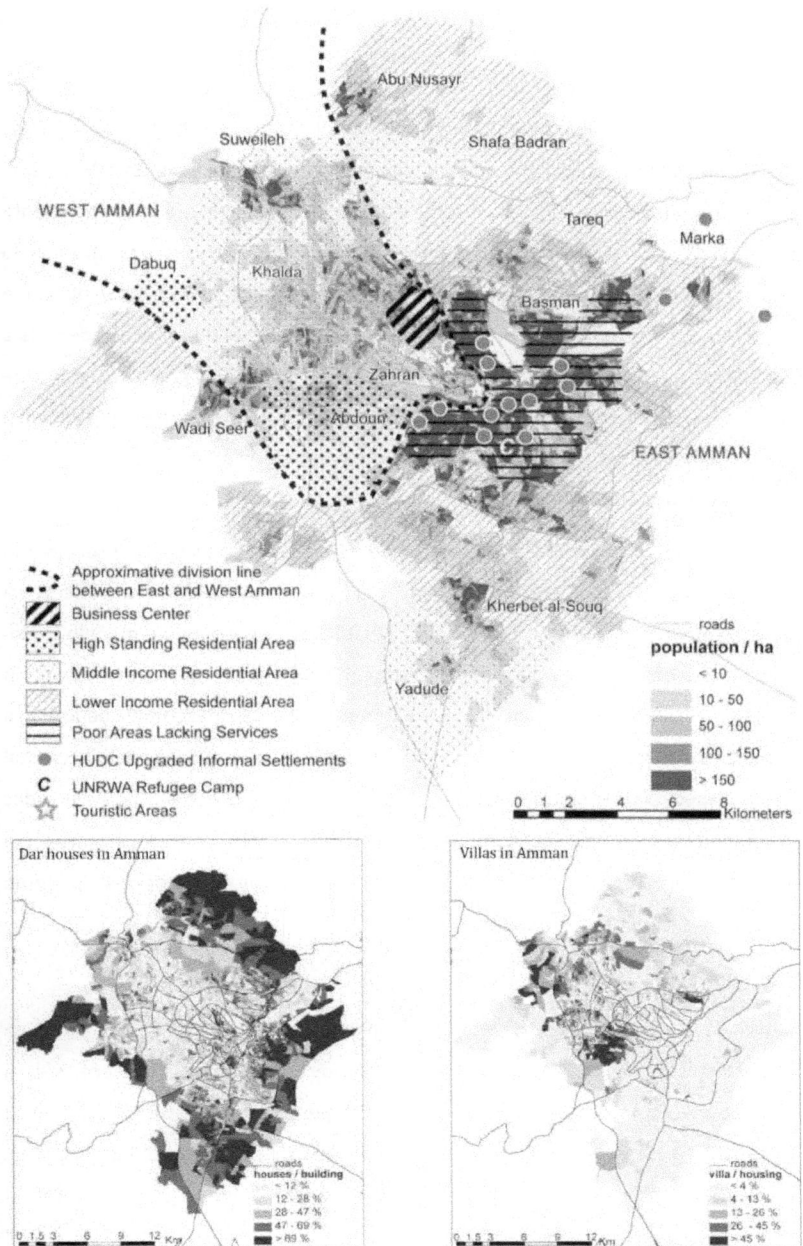

Figura 4: Um estudo da morfologia urbana de Amã de 2004. O "Centro de Negócios" destacado no mapa superior é a AURP (Ababsa, 2011).

3.3 A economia da Jordânia

3.3.1 Capitalismo patrimonial

A Jordânia tem uma pequena economia baseada nos serviços (Schlumberger, 2002). Não é um dos países produtores de petróleo do Médio Oriente e possui recursos naturais limitados. A Jordânia tem um sector industrial modesto e um sector agrícola restrito que se manteve relativamente pequeno desde a perda da Cisjordânia. Por outro lado, possui sectores de tecnologia da informação e de turismo em crescimento. Além disso, a elevada reputação da Jordânia no sector da saúde destaca-a como um centro médico regional que atrai anualmente milhares de pacientes de toda a região (Mawared, 2010a). As receitas do país dependem em grande medida da grande comunidade de expatriados altamente remunerados, que traz dinheiro sob a forma de remessas e investimentos. A Jordânia também depende da assistência financeira e dos investimentos diretos de outros países desenvolvidos, como os Estados do Golfo.

A Jordânia adopta uma economia capitalista (Henry & Springborg, 2010). No final do século XIX, uma variedade de capitalismos, incluindo os modelos anglo-americano, alemão e francês, foi introduzida no Médio Oriente (ibid). Henry e Springborg (2010) argumentam que o modelo anglo-americano foi adotado por países ricos em capital, ao passo que o modelo alemão, mais adaptado a situações de escassez de capital, prevaleceu em países pobres em capital. A economia da Jordânia segue este último, mas é um capitalismo único que não obedece totalmente ao modelo ocidental (Musa, 2013). Certos aspectos da economia jordana, como a concorrência e a lei, são dominados por padrões sociopolíticos informais (Schlumberger, 2002) que a impedem de alcançar um capitalismo avançado (Musa, 2013). A economia da Jordânia é, portanto, melhor descrita como "capitalismo patrimonial" (Schlumberger, 2002).

3.3.2 Reforma económica

A reforma económica da Jordânia começou na década de 1990 e tornou-se mais extensa no reinado do rei Abdullah II (Schlumberger, 2002; Mawared, 2010a). Desde que subiu ao trono em 1999, a Jordânia aderiu à Organização Mundial do Comércio em 2000, participou na Associação Europeia de Comércio Livre em 2001 e assinou um Acordo de Comércio Livre com os Estados Unidos em 2001, tornando-se o primeiro país árabe a assinar um ACL com os Estados Unidos e o quarto no total (Mawared, 2010a).

O objetivo era reforçar a posição da Jordânia no mercado internacional, aumentando a sua flexibilidade económica e a sua integração global, a fim de atrair capitais e investimentos estrangeiros (Schlumberger, 2002). Para o fazer, o Estado precisava de liberalizar a economia nacional e introduzir novas medidas financeiras e administrativas. O papel do governo deixou de ser um ator dominante na economia e passou a ser mais um facilitador do crescimento económico, supervisionando o sector privado enquanto este lidera o processo de desenvolvimento (Daher, 2013; Mawared, 2010a). Foi introduzido um novo conjunto de leis, como a Lei de Promoção do Investimento (n.º 16/1995), que "foi concebida para atrair mais investimento estrangeiro e nacional através de incentivos generosos, como isenções fiscais de longo prazo e isenções de impostos" (Schlumberger, 2002: 231), e a Lei das Privatizações, que "estipula a utilização das receitas das privatizações para reembolsar os empréstimos devidos pelas empresas privatizadas ao governo e financiar projectos de desenvolvimento económico e social" (Mawared, 2010a).

A Jordânia também trabalhou nas suas relações com o mundo global, especialmente com os Estados do Golfo, que se tinham enfraquecido após a Guerra do Golfo. Em consequência, o século XXI assistiu a um aumento do fluxo de petrodólares e ao registo de cerca de cem empresas de construção não jordanas (Musa, 2013).

A reforma económica resultou em rápidas transformações na Jordânia, que o Rei justificou afirmando que "a velocidade com que o governo tem de agir para atrair investimentos pode apanhar a sociedade de surpresa e causar muita conversa... é assim que o mundo funciona. Os países que se preocupam com a rapidez ganharão e os que deixam que a burocracia pesada se interponha no caminho perderão" - Rei Abdullah II (Ruwash- deh, 2008 in Parker, 2009: 112).

Amã foi a mais influenciada por esta nova estrutura económica, uma vez que a maioria dos investidores estrangeiros estava sobretudo interessada na capital. Além disso, a instabilidade política de alguns países circundantes no século XXI exerceu uma maior pressão sobre Amã como cidade global e como "cidade para refugiados" (El-Ghul, 1999). O resultado foi um rápido crescimento passivo, ao qual o Rei Abdullah II reagiu sugerindo ao GAM, em maio de 2006, que desenvolvesse um novo plano diretor para Amã. "É crucial que todos nós façamos o nosso melhor para garantir que a nossa amada cidade continue a ser um íman para projectos de desenvolvimento pioneiros e um terreno fértil no qual ideias inovadoras possam criar raízes e florescer" - Rei Abdullah II (2006 in Parker, 2009:116).

Em 2008, o GAM publicou finalmente um plano para Amã que visava o desenvolvimento futuro da cidade e a população projectada de 6 milhões de pessoas para o ano 2025. "O Plano de Amã apresenta uma abordagem pouco ortodoxa do planeamento metropolitano, urbano e comunitário" (GAM, 2008). O plano abordava três escalas da cidade: a metropolitana, que se centrava no quadro de desenvolvimento da Grande Amã, a escala da área, que incluía planos de utilização dos solos e de infra-estruturas, e a escala da comunidade, que se centrava no zoom dos planos para bairros e quarteirões (ibid). A escala comunitária inclui pormenores e requisitos sobre edifícios de grande altura, bem como a sua localização na cidade. Para encorajar projectos de grande escala, o plano de Amã criou um "balcão único" que transferiu o papel da burocracia de candidatura do investidor para apenas o GAM (GAM, 2008).

3.4 A | - Projeto de Regeneração Urbana Abdali

3.4.1 Antecedentes

Na Jordânia, uma grande área de terreno urbano é ocupada por instalações militares, 80 hectares das quais só em Amã. Durante o reinado do rei Abdullah II, foi anunciado um plano de deslocação das instalações militares dos locais centrais da cidade (Rajjal, comunicação pessoal, 2014). O objetivo era impulsionar a economia nacional, disponibilizando terrenos potenciais para desenvolvimento futuro. No ano de 2002, foram desocupados dois importantes campos militares urbanos nas duas principais cidades da Jordânia, entre os quais o campo de Al-Abdali.

O proprietário das instalações militares é a Mawared, a Corporação Nacional de Investimento e Desenvolvimento de Recursos. A Mawared é uma empresa pública de investimento com independência financeira e administrativa que é atualmente considerada o maior promotor imobiliário da Jordânia (Daher, 2013; Mawared, 2010b). A sua missão é liderar a iniciativa de regeneração dos locais militares urbanos, fornecendo os terrenos de primeira qualidade como parte do seu capital, e servir de modelo de parceria público-privada que "gera oportunidades de investimento consideráveis para o sector privado, cria oportunidades de emprego e estimula o crescimento económico" (Mawared, 2010b).

No ano de 2004, a Abdali Investment & Development (AID) Psc., uma empresa privada de desenvolvimento de terrenos, foi formada para desenvolver a AURP (Abdali, 2012b). A empresa resultou de uma parceria igualitária entre a Mawared e a Saudi Oger, uma empresa líder regional de desenvolvimento com sede na Arábia Saudita e fundada por Rafic Hariri (Rajjal, comunicação pessoal, 2015; Summer, 2006). Após o assassinato do seu pai, Bahaa Rafic Hariri deixou a empresa familiar Saudi Oger e assumiu a parceria com a Mawared através da sua nova empresa, a Horizon International for Development (Bloomberg, 2008; Abdali, 2012b). Mais tarde, a United Real Estate Company, sob o grupo da Kuwait Projects Company (KIPCO), juntou-se à parceria (Rajjal, comunicação pessoal, 2015; Abdali, 2012b).

3.4.2 O projeto

O local do empreendimento Al-Abdali albergou instalações militares e de segurança nacionais centrais, incluindo, entre outras, o Quartel-General das Forças Armadas da Jordânia, o Departamento Geral de Informações e a Direção de Segurança Pública. Quando estes edifícios foram construídos, na segunda metade do século XX, o local era marginal ao centro de Amã. Após décadas de expansão, o local tornou-se uma parte essencial do tecido urbano interior. A relocalização dos componentes do sítio permitiu que este se tornasse o maior terreno contíguo, de propriedade única e vazio no centro da cidade.

O sítio está localizado no distrito de Al-Abdali, um distrito geograficamente significativo devido à sua história e proximidade. Al-Abdali alberga uma população de mais de 120 000 habitantes (Departamento de Estatística, 2014) distribuídos por quatro bairros residenciais: Jabal Al-Weibdeh, Al-Shmeisani, Sport City e Jabal Al-Hus- sein, onde existe o campo palestiniano de Al-Hussein. A importância do sítio em si não é menor devido aos principais edifícios circundantes, como a Mesquita do Rei Abdullah I, o Edifício do Parlamento - Câmara dos Representantes, o Palácio da Justiça e o Ministério da Educação.

Promovida como a "Nova Baixa de Amã" (The Abdali Brochure, 2015), a AURP está destinada a ser o maior projeto de desenvolvimento de utilização mista no coração da cidade. O projeto é constituído por duas fases que desenvolvem uma área total de terreno de 384 000 m² para obter uma área construída de dois milhões de metros quadrados (Abdali, 2012a). O projeto foi lançado no início dos anos 2000 e estava previsto estar concluído em 2013 (AID, 2008). No entanto, a primeira fase do projeto, que desenvolve uma área construída de 1 030 000 m2 numa área de terreno de 251 000 m2 (Abdali, 2012a), ainda está em curso, com apenas uma abertura parcial do local no ano 2014 (The Boulevard, 2015).

Avaliado em mais de 5 mil milhões de dólares, o projeto apresentará apartamentos residenciais de luxo, espaços comerciais, hotéis e apartamentos com serviços, bem como instalações médicas e de entretenimento. O projeto pretende prosperar através da orientação e do reforço dos sectores atractivos do país: o turismo, o sector médico e o sector empresarial. O Boulevard e o Abdali Mall acolherão marcas internacionais de luxo, criando um novo destino comercial de classe alta no coração da cidade. Serão igualmente desenvolvidas cadeias de hotéis de elite, a fim de atrair um novo grupo social turístico. Centros médicos com instalações de última geração promoverão ainda mais Amã e Al-Abdali como um centro regional de turismo de saúde. E para atrair empresas internacionais e regionais, o projeto dedicou uma grande percentagem do empreendimento a espaços de escritórios inteligentes e modernos (Abdali, 2012a).

O objetivo do projeto Al-Abdali, tal como indicado no seu sítio Web, é criar um novo "centro moderno da cidade, anteriormente ausente de Amã, que satisfaça as necessidades comerciais e de estilo de vida, bem como criar oportunidades de emprego adicionais e provocar um afluxo sem precedentes de investimentos da Jordânia e da região" (2012).

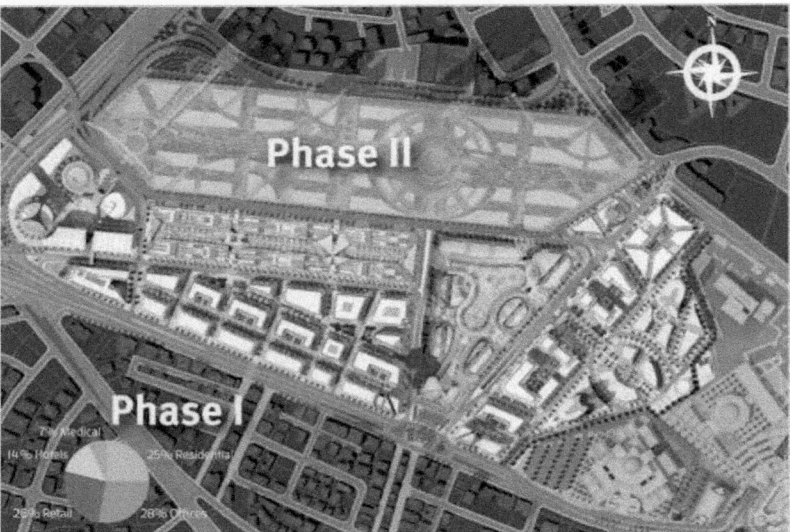

Figura 5, em cima: A representação 3D mais difundida da AURP colocada em contexto real

(Abdali, 2012).

em baixo: O plano diretor do empreendimento elaborado por Laceco Architects & Engineers (The Abdali Brochure, 2015).

Figura 6, ao lado: Mapa que mostra o bairro de Al-Abdali em relação à cidade e ao bairro de Al-Madeinah (autor, 2015).

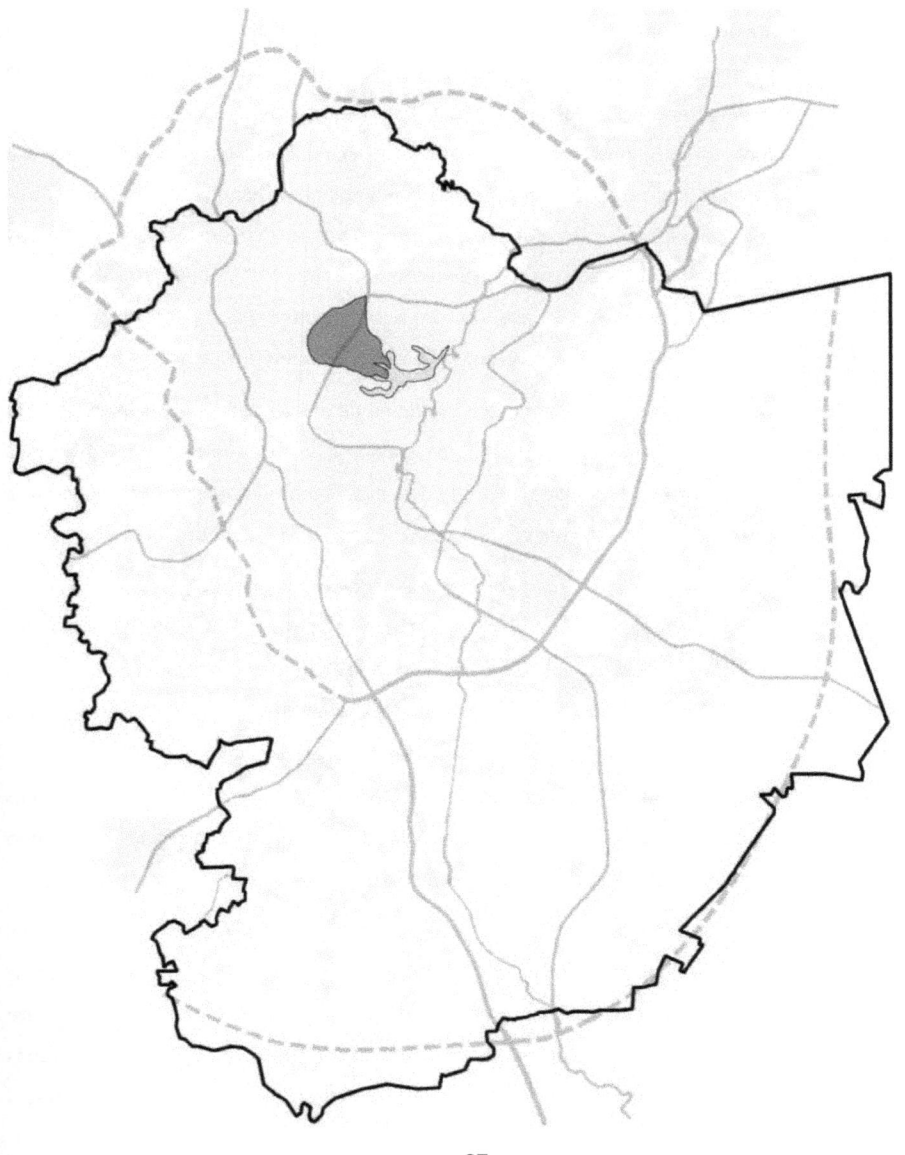

Capítulo 4: Metodologia de investigação

4.1 Plano de investigação, hipótese e método

O objetivo do estudo é compreender os processos e as consequências dos recentes megaprojetos de Amã, destacando a abordagem à sustentabilidade social e os efeitos socioeconómicos. Ao fazê-lo, o estudo adopta uma abordagem de investigação qualitativa que se centra na compreensão do discurso e do contexto em que estes megaprojectos estão a prevalecer, seguindo a abordagem contextual de Van Weesep para explicar a gentrificação, pois é o "como" que importa e se desenrola de forma diferente em diferentes regiões geográficas. Por conseguinte, o estudo analisa as forças económicas e políticas formais, juntamente com os padrões sociopolíticos informais dominantes, e o seu papel na formulação da produção e do consumo do ambiente urbano construído de Amã. A investigação investiga a hipótese que relaciona o planeamento urbano neoliberal com o desrespeito pelo valor social, bem como pelos aspectos subjectivos do bem-estar dos habitantes locais, e tende a centrar-se na acumulação de capital, investindo com o único objetivo de ganhar mais dinheiro, sob qualquer forma, visando tipicamente os grupos abastados que obtêm lucros rápidos.

Este estudo é um estudo de caso único em que o problema de investigação é investigado através da análise da AURP, um estudo de caso perfeito, uma vez que é uma das primeiras PPP (parcerias público-privadas) da Mawared e o maior projeto de desenvolvimento imobiliário da cidade até à data, localizado no coração da cidade num contexto urbano relativamente pobre.

Sendo a gentrificação o principal processo do estudo de caso e a deslocação a sua principal ferramenta, a tese analisa os efeitos com referência e adaptação às formas de deslocação de Peter Marcuse (ver Capítulo 2.2). Através da análise do impacto total da deslocação através de mudanças económicas, físicas, de unidade individual e de bairro (Marcuse, 1985), o estudo concluirá uma compreensão completa do processo e da influência da gentrificação em nome da AURP. Enquanto a abordagem de Marcuse para medir a deslocação utiliza uma escala mais finita centrada nas unidades residenciais, este trabalho adopta um âmbito de impacto maior e mais inclusivo, visando impactos sociais intangíveis relativos à imagem e ao estilo de vida da cidade.

Para tal, foi utilizada uma combinação de métodos que incluem a revisão de material textual e visual histórico e contemporâneo, visitas ao local, entrevistas com académicos urbanos e profissionais relacionados com o projeto, e entrevistas com o público influenciado. Foram realizadas sete entrevistas semi-estruturadas completas e algumas breves. As entrevistas semi-estruturadas melhoram a atmosfera da comunicação, permitindo que o entrevistador adapte as perguntas à situação e que o entrevistado se sinta mais à vontade para se exprimir. Os sete principais entrevistados são apresentados no subcapítulo seguinte.

4.2 Entrevistados

- Dr. Yasser Rajjal: profissional no domínio do design urbano e antigo diretor da Escola de Arquitetura e Ambiente Construído da Universidade Alemã da Jordânia em Amã, atualmente assistente do Presidente para a Comunicação e Relações Públicas. Foi diretor do Departamento de Estudos Urbanos da Mawared, onde participou nas fases iniciais da AURP. O departamento era responsável pelo programa e pelos requisitos do desenvolvimento, bem como pelo acompanhamento do plano diretor com os promotores. A experiência do Dr. Yasser Rajja como urbanista e o seu envolvimento no projeto proporcionaram um enquadramento rígido e um ponto de partida para a tese.

- Frank Eckardt: professor de sociologia urbana no Instituto de Estudos Urbanos Europeus da Universidade Bauhaus de Weimar, na Alemanha. É doutorado em Ciência Política e tem grande interesse e trabalho sobre os desafios sociais e culturais do urbanismo e do desenvolvimento. Visitou o local do estudo de caso da dissertação no ano de 2014 para um workshop de um projeto chamado "Minorias Urbanas" que colaborou a Universidade Bauhaus de Weimar com várias outras universidades do Médio Oriente. Sendo um especialista em gentrificação, o seu contributo e perspetiva foram de grande utilidade para este trabalho.

- Arq. Laith Al-Adwan: arquiteto praticante numa empresa pioneira de consultoria multidisciplinar em arquitetura e engenharia que trabalhou em vários edifícios da AURP. O Arq. Laith Al-Adwan foi também um antigo residente do bairro residencial deslocado onde agora se situa o novo empreendimento. Cresceu e viveu com a sua família nesta casa durante cerca de duas décadas e foram dos últimos a abandonar a zona, o que lhes permitiu testemunhar a maior parte do processo de deslocação. Arquitetura. A experiência de Laith como arquiteto, juntamente com a sua história e relação pessoal com o local, ajudou a apoiar este trabalho.

- Hasan: um senhor cuja família teve de lidar com o processo de deslocação do projeto. A casa, onde passou a infância e residiu durante um quarto de década, foi o lar da sua família desde 1982 até 2003.

- Moath: um jovem adulto que viveu com a sua família desde 1990 até 2006 numa casa construída pelos seus pais no mesmo bairro deslocado.

- Sha'ban: um residente local que vive na zona circundante do projeto há mais de 15 anos.

Desde então, tem trabalhado num restaurante de falafel adjacente ao empreendimento. O restaurante é um dos mais antigos e um dos poucos restaurantes sobreviventes da zona antes do projeto, com cerca de 30 anos de serviço. A entrevista de Sha'ban deu uma perspetiva contínua da zona, uma vez que ele não foi alvo do processo de deslocação, e introduziu o trabalho nas influências relacionadas com o mercado, explicando a história da procura e da atividade do restaurante em função do desenvolvimento do projeto.

- Mohammad: proprietário de um quiosque no mercado de sexta-feira original em Al-Abdali, situado a menos de um quilómetro do megaprojeto, e no novo mercado relocalizado que se situa agora em Ras El-Ain. A explicação de Mohammad e a comparação dos dois locais do mercado de sexta-feira ajudam a dar uma ideia melhor da reestruturação urbana que domina a região de Al-Abdali.

Capítulo 5: Análise e resultados da investigação

Este capítulo apresenta os resultados da investigação, destacando o processo de desenvolvimento e as influências da AURP no tecido envolvente existente. Os resultados podem ser categorizados em dois grupos principais, tangíveis e intangíveis. Os resultados tangíveis descrevem as mudanças e os efeitos físicos criados, enquanto os intangíveis dizem respeito ao discurso e às transformações sociais induzidas pelo projeto. O capítulo começa por descrever o início do projeto e revelar o contexto em que foi introduzido, prosseguindo com os efeitos diretos e indirectos do processo de gentrificação.

5.1 Contexto e responsabilidade social

A AURP foi o resultado de uma ordem política e de uma iniciativa real para a relocalização de campos militares situados em zonas urbanas privilegiadas, com vista à disponibilização de terrenos potencialmente urbanizáveis. O principal objetivo era atrair investimentos internacionais através da promoção do "circuito secundário" do ambiente construído da Jordânia, na esperança de impulsionar a economia nacional.

As ideias e propostas para o projeto foram discutidas no início da década de 2000 em dois grandes grupos de discussão. O primeiro grupo era constituído por especialistas em urbanismo, principalmente arquitectos e urbanistas, incluindo profissionais locais proeminentes como Ja'afar Tuqan, Rasem Badran e FaroukYaghmour. O segundo grupo de discussão era constituído por promotores imobiliários locais e internacionais interessados, entre os quais se encontravam representantes do Saudi Oger Group. Os debates incidiram sobre a aplicabilidade de três propostas principais. Uma das opções era o desenvolvimento de um parque, uma espécie de parque central que pudesse funcionar como um pulmão verde para a região muito densa, exatamente o que falta ao centro da cidade. Enquanto as outras duas soluções consistiam em grandes áreas construídas e edifícios monumentais. (Rajjal, comunicação pessoal, 2015)

As reuniões concluíram a dificuldade de restringir uma área tão privilegiada no centro da cidade de Amã apenas a espaços verdes, embora o Dr. Yasser Rajjal, o diretor do Departamento de Estudos Urbanos da Mawared na altura, juntamente com muitos outros académicos urbanos, preferissem pessoalmente esta opção verde, uma vez que a cidade carece de tais espaços. A própria ideia de escolher uma solução altamente urbanizada em vez de uma solução verde contradiz a abordagem reivindicada pela Mawared e até o seu logótipo, que se assemelha a uma árvore nacional conhecida localmente como a Árvore de Butum. A empresa relaciona a sua responsabilidade com a árvore no seu sítio Web, afirmando que "Tal como a árvore, os projectos da Mawared satisfazem as necessidades das pessoas, proporcionando áreas verdes para relaxamento e passeios. Tal como a árvore, um centro de atração, os projectos da Mawared atrairão tanto investidores como visitantes" (Mawared, 2010b). Parece que, neste caso, a Mawared deu prioridade aos investidores e aos visitantes.

Figura 7: Fotografia aérea do local no ano de 2003 mostrando o limite original do desenvolvimento em linha sólida, e o novo limite que inclui a linha tracejada. Na altura, as propriedades deslocadas eram apenas as instalações mlitárias que estavam localizadas nos terrenos vagos visíveis dentro do limite original (autor, 2015; Google Earth).

O projeto foi publicitado sob a forma de um concurso público, mas apenas alguns promotores manifestaram interesse. A experiência do promotor em projectos desta envergadura foi uma das principais condições do concurso, excluindo assim todos os promotores locais. Apenas duas propostas de planos diretores foram concebidas e desenvolvidas pela Laceco e pela HOK[1] sob a supervisão do Departamento de Estudos Urbanos da Mawared. Posteriormente, a Saudi Oger, o promotor responsável pelo masterplan da Laceco, aceitou assinar o acordo para o projeto, descontinuando o masterplan da HOK. O acordo previa o estabelecimento de uma parceria 50/50 entre a Mawared e a Saudi Oger sob a forma de uma empresa denominada Abdali Investment &

---

[1] Laceco e HOK são gabinetes de arquitetura e consultoria multidisciplinares com origem no Líbano e no Canadá, respetivamente.

Development para o desenvolvimento do sítio. A contribuição da Mawared para a empresa foi o terreno, enquanto a Saudi Oger teve de investir um montante equivalente ao valor do terreno. (Rajjal, comunicação pessoal, 2015)

A avaliação do terreno do sítio para determinar o investimento da Mawared deparou-se com alguns problemas e sinais de corrupção. No ano de 2003, o Departamento de Estudos Urbanos estimou o terreno oferecido para desenvolvimento num valor de cerca de 120 milhões de JOD, cerca de 180 milhões de USD (Rajjal, comunicação pessoal, 2015). No entanto, o acordo estabelecia um valor de apenas 30 milhões de USD para os 330.000 m² de terreno, ou seja, uma estimativa de cerca de 90 mil JOD por donum² numa altura em que um donum em Swefieh (um dos bairros de classe alta da cidade) se situava entre 800 e 900 mil JOD. A razão por detrás desta desvalorização permanece vaga, mas eram frequentes os problemas e as denúncias à Agência Anti-Corrupção sobre o desempenho financeiro e administrativo da Mawared (Jordan Times, 2010). O gerente da Mawared foi mesmo condenado à prisão numa determinada fase do projeto.

Outros sinais de corrupção prevaleceram nos planos e requisitos do projeto. As alterações aos planos no decurso do projeto eram comuns, à medida que surgiam oportunidades de desenvolvimento mais rentáveis. Por exemplo, o limite original do local oferecido no concurso para o desenvolvimento foi alargado após o acordo, passando a abranger um total de 384.000 m2. O local original incluía principalmente os terrenos do Estado e um bairro residencial adjacente. O novo local alargou o âmbito da expropriação para incluir o Colégio Al-Quds, a Organização Talal Abu-Ghazaleh e mais alguns edifícios residenciais e comerciais. (Rajjal, comunicação pessoal, 2015)

Além disso, uma das principais componentes do plano diretor foi dedicada à comunidade local, como parte da responsabilidade empresarial do promotor para com o sector social (o promotor, neste sentido, é a AID, constituída pela Mawared e pela Saudi Oger). O plano inicial incluía uma universidade, uma praça cívica e uma biblioteca. A universidade deveria ser a instituição de ensino superior com a localização mais central de Amã e a primeira universidade americana da Jordânia. O terreno para a biblioteca deveria ser uma oferta a Amã dedicada ao antigo rei por Saudi Oger, deixando a responsabilidade do desenvolvimento ao Estado. A praça cívica foi planeada para ligar os três edifícios nacionais adjacentes (Mesquita do Rei Abdullah I, Palácio da Justiça e Edifício do Parlamento) ao lado da Biblioteca proposta, servindo de centro cultural e porta de entrada para o projeto a partir de leste. A oeste, havia também a ideia de uma ponte pedonal com um mercado de

---

2 Donum, também conhecido como donam, é uma unidade de área comummente utilizada na região anteriormente ocupada pelo Império Otomano. Na altura, o termo diferia em tamanho de lugar para lugar. Atualmente, é redefinido para 1000 m2.

ouro que ligaria o local ao bairro circundante de Al-Shmeisani. Apesar de terem sido lançados alguns concursos de design para estes projectos, nenhum destes elementos foi concretizado, tendo sido substituídos por edifícios mais comerciais e residenciais. (Rajjal, comunicação pessoal, 2015)

Não podemos deixar de nos perguntar como é que elementos tão significativos de um plano de desenvolvimento foram simplesmente alterados num curto espaço de tempo. Argumentos pouco claros justificaram os ajustamentos. Por exemplo, o cancelamento da praça cívica foi supostamente para evitar a criação de espaços públicos adicionais para manifestações numa época de instabilidade política no Médio Oriente (ibid). Aparentemente, a biblioteca não obteve qualquer financiamento governamental e os promotores não tinham interesse em investir na biblioteca (Musa, 2013). Mas o que mais chama a atenção é a retirada do projeto da universidade. Poder-se-ia imaginar que esse plano se baseava numa análise exaustiva da procura de ensino superior na região. Não parece ser esse o caso da AURP, que assistiu a alterações aleatórias de acordo com a vontade da empresa, substituindo soluções amigas da comunidade por opções mais lucrativas.

5.2 Deslocação direta

Em 2003, todas as instalações militares e de segurança existentes no local foram deslocadas e muitos dos seus edifícios foram demolidos. Segundo Rajjal, a deslocalização de diferentes departamentos teve diferentes impactos psicológicos na comunidade local (comunicação pessoal, 2015). Por exemplo, a remoção do Departamento Geral de Informações da região criou uma espécie de alívio e conforto entre os residentes das redondezas. Isto deve-se, em parte, ao facto de o departamento ser responsável pela gestão de actividades ilegais e desagradáveis, o que não o destaca totalmente como um local de vizinhança. Por outro lado, o General Jordan Armed Forces tem uma reputação e imagem positivas, é um símbolo significativo do nacionalismo e da cultura jordanos, com alguns edifícios relativamente antigos que remontam ao tempo do Rei Abdullah I.

O desenvolvimento do projeto exigiu a deslocação de outros edifícios e instituições privadas. Dentro dos limites do local existiam o Colégio Al-Quds, a Organização Talal Abu-Ghazaleh (TAG), todo um bairro residencial, juntamente com alguns outros edifícios comerciais e residenciais dispersos.

O Al-Quds College é um importante colégio comunitário privado que oferece programas de diploma profissional em cinco áreas diferentes. Desde a sua criação, no ano de 1980, cerca de 25 000 estudantes concluíram os seus estudos. O Colégio transferiu o seu campus para uma área na periferia da cidade, em direção ao aeroporto principal, a mais de 10 quilómetros a sul do local de Al-Abdali. Isto afectou grandemente o grande número de estudantes e professores inscritos no Colégio, reorganizando os seus padrões de transporte e multiplicando os custos de deslocação. Do lado positivo da questão, a compensação financeira oferecida pelos promotores ao Colégio foi bastante decente, encorajando-o a expandir-se na nova localização.

A expropriação da OrganizaçãoTAG foi um caso interessante. A organização recusou-se a mudar de local e a ceder ao poder hegemónico dos promotores imobiliários. O GAM interferiu, reivindicando outros planos para esta propriedade em nome do bem e do benefício público. Assim, o GAM conseguiu expropriar a propriedade, mas depois vendeu o terreno à AID, permitindo-lhe prosseguir com os seus planos. A Organização TAG processou o GAM, protestando contra a integridade do processo de expropriação. No entanto, a Organização perdeu o processo e foi mesmo indemnizada por um valor financeiro relativamente baixo em relação ao potencial e às caraterísticas da parcela. (Rajjal, comunicação pessoal, 2015)

As verdadeiras vítimas do processo de deslocação foram os antigos residentes do local. A zona era o lar de um bairro residencial relativamente pequeno, composto por menos de 30 unidades residenciais. A maioria dos edifícios era constituída por casas de construção própria (ver Capítulo 3.2) construídas na década de 1980 (Hasan, comunicação pessoal, 2015). O arquiteto Laith relaciona o charme e o estilo dos edifícios com os presentes em Jabal Al-Weibdeh, um dos bairros antigos de Amã. Foi mais longe na descrição do ambiente do bairro, recordando o cheiro a jasmim que prevalecia à tarde e os churrascos no verão (comunicação pessoal, 2015). Todos os ex-residentes entrevistados concordaram com o ambiente amistoso do bairro, referindo o grau de familiaridade entre os habitantes locais, descrevendo como até as visitas externas eram perceptíveis para os outros (comunicação pessoal, 2015).

Todos os três entrevistados deslocados passaram a sua infância neste bairro específico e ficaram tristes por sair, afirmando que, se não fosse o projeto, eles e as suas famílias não teriam deixado as suas casas (comunicação pessoal, 2015). Os entrevistados não ficaram satisfeitos com o processo de deslocação e com o facto de os promotores não terem incluído os moradores do bairro nos seus planos de desenvolvimento, nem sequer se dirigiram pessoalmente a eles, o que foi considerado desrespeitoso. Era o Município que agia em nome dos promotores, comunicando com os moradores, informando-os sobre os novos planos da Abdali e negociando o valor da indemnização. As negociações nem sempre foram fáceis. Na maioria dos casos, o montante oferecido era muito inferior ao solicitado, de acordo com as estimativas do sector imobiliário. Hasan recorda mesmo uma situação em que o GAM ameaçou de facto uma família inflexível com a expropriação se não houvesse cooperação (ibid).

Os residentes não tinham escolha, a deslocação era inevitável. Se não vendessem, o GAM teria expropriado as suas propriedades (Rajjal, comunicação pessoal, 2015), tal como no caso da TAG Organization. Se esta organização proeminente não conseguisse manter a sua propriedade, então os residentes das classes baixa e média não teriam qualquer hipótese de resistir aos planos dos promotores imobiliários. O processo de deslocação exercido neste caso é a própria definição de "deslocação forçada", a forma mais extrema de deslocação (Marcuse, 1985).

A deslocação do bairro não aconteceu de um dia para o outro, os residentes foram-se mudando gradualmente ao longo de alguns anos. Este facto exerceu uma "pressão de deslocação" sobre os restantes agregados familiares, uma vez que estes testemunharam a partida dos seus vizinhos. Aqui, a pressão era extrema, pois o GAM estava a demolir imediatamente todos os edifícios expropriados. O arquiteto Laith foi dos últimos a abandonar o bairro, o que lhe permitiu ver o seu bairro de infância num estado de destruição e ruína total. "No final, senti-me como se estivesse num contexto de guerra, como se a zona tivesse sido bombardeada. Metal e pó por todo o lado no chão, um caos total" (Laith, comunicação pessoal traduzida pelo autor, 2015).

A maioria dos residentes mudou-se para locais distantes do centro da cidade (comunicação pessoal, 2015). Isto deve-se à falta de consideração pela indemnização das famílias num período de tempo em que se assistiu a um rápido aumento da procura e dos preços dos imóveis, em consequência da Guerra do Iraque de 2003. Por conseguinte, as opções e os locais de residência foram reduzidos para as pessoas deslocadas, com destaque para os locais distantes onde é possível adquirir propriedades mais espaçosas e poupar algum dinheiro. Outros tiveram a sorte de comprar uma casa nova antes da subida do valor das propriedades, em reação aos rumores sobre o projeto, o que lhes permitiu beneficiar mais da compensação, como foi o caso da família de Hasan. Mas, tal como a maioria, Hasan prefere a localização da sua casa Abdali, afirmando que "estava mais perto de tudo. Estava mais perto do local de trabalho do meu falecido pai, da minha mãe, das nossas escolas. Abdali ficava mesmo no coração da cidade. Perto de Al-Hus- sein, Al-Shmeisani, Jabal Amman, Jabal Al-Weibdeh, e das zonas mais activas da cidade" (comunicação pessoal traduzida pelo autor, 2015).

Todos os residentes tinham a sua quota-parte de memórias naquele bairro, memórias que agora não passam de imagens mentais e histórias sem qualquer relação com o novo ambiente físico. A sua longa e histórica relação com a área simplesmente desapareceu. Para além disso, nenhum dos ex-moradores entrevistados visitou o local após a sua deslocação e responderam com um "não, obrigado" quando lhes foi perguntado se considerariam uma oferta para viver no novo empreendimento (comunicação pessoal, 2015). Independentemente do valor da compensação financeira, o custo da compensação social nunca poderá ser coberto:

A expulsão do bairro em que se vivia pode ser quase tão perturbadora do sentido da vida como a perda de uma relação crucial. A desapropriação ameaça toda a estrutura de vínculos através dos quais os objectivos são incorporados, porque esses vínculos não podem ser prontamente restabelecidos num local estranho. (Marris, 1986: 57)

No entanto, a deslocação não se limitou apenas a pessoas e edifícios, mas incluiu também árvores. Foi solicitada a remoção de cerca de 750 árvores situadas em redor do Quartel General das Forças Armadas da Jordânia, a fim de implementar os projectos da segunda fase do empreendimento. Apesar da resistência do Ministério da Agricultura, o Conselho de Ministros autorizou a deslocação, mas de apenas 541 árvores em vez do total solicitado, com a condição de a AID plantar cinco árvores por cada árvore arrancada num terreno em Mafraq (Namrouqa, 2012). Assim, as velhas árvores existentes, que tinham até 90 anos, foram simplesmente arrancadas e, em seu lugar, foram plantadas novas árvores noutra província a dezenas de quilómetros de Amã. Infelizmente, esta solução não fez mais do que agravar o problema dos espaços verdes na cidade e enfatizou o poder dos promotores imobiliários sobre o Estado.

Figura 8: Um mapa do bairro residencial elaborado por um dos antigos residentes. O mapa inclui os nomes dos vizinhos e das instalações circundantes. Desenhado quase uma década depois, o mapa exprime a atmosfera, a relação e o significado do local para os seus antigos residentes (Ghaith Al-Adwan, 2015).

5.3 Deslocação indireta

A influência da deslocação não se restringe apenas aos que se encontram efetivamente na área deslocada (Marcuse, 1985). O ambiente circundante também pode ser afetado. Tais efeitos são resultados indirectos, efeitos colaterais, da ação original de deslocação. Este capítulo descreve, a partir daqui, a deslocação indireta causada pelo projeto de desenvolvimento.

5.3.1 Pressão de deslocamento

As instalações militares e de segurança no antigo local empregavam milhares de trabalhadores dos quais dependiam numerosas empresas circundantes, especialmente restaurantes e cafés. Após a deslocalização das instalações, muitas empresas não puderam suportar esta enorme diminuição da procura, paralelamente a um aumento das rendas (Sha'ban, comunicação pessoal, 2015). Consequentemente, o bairro assistiu ao encerramento de muitos locais que davam à zona o seu charme e carácter. Entre os poucos restaurantes que sobreviveram encontra-se o famoso Restaurante Zahrat Lebnan (a Flor do Líbano), que está em atividade há cerca de 30 anos, vivendo da sua reputação. O negócio foi consideravelmente afetado pelas transformações da região, que incluíram a deslocação das instalações, o mercado de sexta-feira e o terminal rodoviário (ibid). Sha'ban, um habitante local que vive na zona e trabalha em Zahrat Lebnan há mais de 15 anos, explica que o negócio do restaurante estava no seu melhor durante os rápidos anos de desenvolvimento do projeto, com a chegada temporária de um grande grupo de trabalhadores da construção civil ao local (comunicação pessoal, 2015).

Em consequência da emergência deste empreendimento de elite, o valor imobiliário da zona envolvente aumentou (Rajjal, comunicação pessoal, 2015). O juízo sobre este aumento é um significante vazio, que depende de quem o preenche de significado. Pode ser considerado positivo pelos proprietários imobiliários originais e negativo pelos arrendatários e grupos interessados. No entanto, não há dúvida de que este aumento provocou deslocações. O "défice de renda", ou seja, a diferença entre a renda potencial do solo na zona e a renda real daí resultante, atraiu investimentos internos e externos. Ao fazê-lo, os proprietários originais são deslocados, vendendo as suas propriedades, ou deslocam os inquilinos que as ocupam, aumentando os preços. Isto conduz a uma gentrificação perpétua.

Além disso, existe a pressão psicológica da deslocação. Quando os habitantes locais testemunham a deslocação dos seus amigos e vizinhos, a liquidação dos restaurantes e lojas que frequentavam, a deslocalização do mercado circundante e dos centros de transportes públicos (Marcuse, 1985), perdem a relação com o local. "Já não sinto que o bairro seja nosso", afirma Sha'ban, acrescentando que "as pessoas que visitam a zona são agora de uma classe muito elevada, ao contrário do contexto" (comunicação pessoal traduzida pela autora, 2015). Os residentes são encorajados a sair devido às mudanças dramáticas no seu ambiente e ao medo do aumento dos preços. A pressão da deslocação torna-se mais grave com o afluxo das novas famílias prósperas e a abertura de lojas e restaurantes que visam a nova clientela (Marcuse, 1985). No caso de Al-Abdali, um grande número de novos negócios substanciais invadiu a área. Empresas com contratos de aluguer que são, no mínimo, o triplo dos antigos contratos existentes, que também aumentaram (Sha'ban, comunicação pessoal, 2015).

Figura 9: Pressão de deslocamento sobre os edifícios originais do entorno. A pressão é ampliada com o surgimento dos monumentais edifícios altos da AURP (autor, 2015).

Figura 10: Imóveis colocados à venda no âmbito da AURP (autor, 2015).

Figura 11: Lojas oferecidas para venda adjacentes ao 'Novo Centro'. Note-se o reflexo de um edifício da AURP na imagem inferior (autor, 2015).

Figura 12: Construção nova e reconstrução no contexto da AURP (autor, 2015).

Figura 13: Novas lojas e restaurantes de luxo tomam conta da zona (autor, 2015).

5.3.2 Deslocação por exclusão

À medida que os habitantes locais pré-existentes são pressionados a sair, os recém-chegados são filtrados. O principal elemento de filtragem são os preços, os novos valores elevados das rendas, dos imóveis, das mercadorias e dos serviços resultantes do processo de gentrificação. Todas estas mudanças impedem que agregados familiares de estatuto social semelhante ao dos deslocados se mudem, excluindo-os e reduzindo as suas opções de vida na cidade. Para dar uma ideia da enorme transformação dos preços do bairro, Sha'ban cita a renda mensal de mil JOD de uma nova loja adjacente de 24 m², um número enorme em relação à média de 200/250 JOD dos antigos contratos de aluguer (comunicação pessoal, 2015). Esta diferença demonstra a natureza dos espaços comerciais predominantes na zona.

Quanto ao projeto em si, não permite a instalação de qualquer grupo social. Nos edifícios altos, um metro quadrado residencial custa cerca de 2500 JOD (Rajjal, comunicação pessoal, 2015; Laith, comunicação pessoal, 2015; funcionário da DAMAC, comunicação pessoal, 2015). Quando o projeto foi lançado, nenhum outro imóvel em Amã se aproximava deste valor[3]. Atualmente, é possível encontrar apartamentos que custam mais de 200 mil JOD em bairros ricos de Amã, como Abdoun, mas são mais espaçosos do que o que é oferecido na AURP pelo mesmo preço[4]. Estes preços

---

[3] Para ter uma ideia das médias dos preços do imobiliário em Amã no ano de 2007, ver o Quadro 3 no Apêndice. O quadro mostra que a média mais elevada do preço do metro quadrado foi registada na região de Khalda, com um valor de 374 JOD para espaços residenciais e 977,78 JOD para espaços comerciais. Quanto ao distrito de Al-Abdali, a média atingiu 272,50 e 507,50 JOD para espaços residenciais e comerciais, respetivamente (excluindo o megaprojeto).

[4] Declaração baseada numa comparação de médias de preços imobiliários entre Abdoun e a propriedade da DAMAC The Heights at AURP. Estúdios e apartamentos individuais nos primeiros andares do edifício alto com cerca de 90 m2 foram oferecidos por um preço de 200 mil JOD. Os preços aumentam com a altura do piso. Por outro lado, com este preço, seria possível comprar um apartamento com, no mínimo, o dobro do tamanho e do número de quartos em Abdoun. Excluindo, naturalmente, os serviços de luxo. Comparação baseada na recolha de dados no ano de 2015 do sítio Web "Abdoun Real Estate" e numa comunicação pessoal com um funcionário da DAMAC.

também parecem surpreendentes quando se considera o salário médio na Jordânia, estimado em 5200 JOD, e a estatística de que aproximadamente 50% dos empregados recebem um salário na ordem dos 300 JOD (Departamento de Estatística, 2013).

Estúdios, apartamentos de um, dois e três quartos e uma seleção de penthouses serão oferecidos como espaços residenciais no novo empreendimento. Foram ainda oferecidos prémios e recompensas para promover as propriedades da AURP. A DAMAC Properties, um dos promotores imobiliários da AURP, publicitou o direito a um automóvel Jaguar novinho em folha para os primeiros 25 compradores de apartamentos com três quartos nas suas propriedades (Al-Bawaba, 2006). Outras promoções incluíram até um jato privado (Rajjal, comunicação pessoal, 2015; Laith, comunicação pessoal, 2015).

É óbvio, através das promoções e preços do projeto, que este se dirige à classe de elite da sociedade, excluindo assim a maioria dos jordanos. De acordo com um funcionário da DAMAC Properties, as unidades residenciais disponíveis já são limitadas no The Heights, faltando ainda alguns anos para a sua abertura[5] (comunicação pessoal, 2015). The Heights, uma das propriedades em desenvolvimento da DAMAC na AURP, oferece mais de 200 unidades residenciais com tecnologias e serviços de ponta. A fonte vai mais longe na descrição dos vendedores, afirmando que "pessoas da Jordânia, Dubai, Kuwait, Arábia Saudita, Londres e outros que têm negócios na Jordânia investiram na nossa propriedade de primeira linha" (ibid). Assim, é seguro assumir que toda a AURP, que oferece variações de propriedades dentro da mesma gama de preços, está preparada para servir homens de negócios internacionais e jet-setters[6] que são principalmente dos Estados do Golfo. Esta nova geração de "super-gentrifiers" (Butler & Lees, 2006) é um grupo qualitativamente estranho à comunidade local, que possui um nível de vida muito elevado que lhes permite comprar propriedades muito caras e desfrutar de actividades de lazer dispendiosas na AURP.

O projeto do empreendimento em si também era excludente. Os planos de desenvolvimento originais enfatizavam a ligação do local aos seus arredores através de uma praça cívica, uma biblioteca e uma ponte pedonal com o tema do mercado. O cancelamento de todos estes elementos de ligação resultou numa "ilha isolada" (Yasser, comunicação pessoal, 2015). Assim, agora o projeto termina abruptamente com edifícios altos e modernos que contradizem o contexto e uma vedação de árvores alinhadas que separam o empreendimento da sua envolvente, contribuindo para o

---

5 A declaração deve ser tratada com cautela, uma vez que se baseia exclusivamente no relato de um funcionário da DAMAC que pode estar a ajustar a informação para beneficiar a imagem e a propriedade da empresa que representa.
6 Um jet-setter é um membro de um grupo social elevado que goza de uma vida glamorosa de viagens frequentes.

isolamento.

Além disso, o Boulevard[7] testemunhou a emissão de um bilhete de entrada para o seu espaço supostamente público na AURP (Rajjal, comunicação pessoal, 2015; Laith, comunicação pessoal, 2015). Este ato excluía automaticamente aqueles que não podiam pagar custos de lazer tão elevados. O espaço público parece desaparecer sob o planeamento neoliberal, os espaços tornam-se semi ou totalmente privatizados (Harvey, 2011). Felizmente, a decisão não durou muito tempo após uma forte oposição dos activistas. No entanto, a típica exclusão de género é inevitável. O Boulevard não só possui um sistema de segurança pesado, com um grande número de câmaras e sensores de segurança, como também é muito seletivo na forma como escolhe a sua clientela. Os pontos de acesso são ocupados por guardas de segurança que têm luz verde para recusar a entrada ao que dizem ser grupos indesejados, normalmente jovens jordanos do sexo masculino[8]. Os jovens do sexo masculino em Amã são muitas vezes responsabilizados pelas preocupações com a segurança e o conforto, especialmente das mulheres, e são frequentemente excluídos de espaços fechados e consumistas como os centros comerciais.

---

7 O Boulevard é uma via pedonal de 370 metros de comprimento na AURP, rodeada por uma dúzia de edifícios de utilização mista que oferecem espaços comerciais e de lazer de alta qualidade.
8 O próprio autor foi uma vez impedido de entrar no Boulevard durante uma visita ao local em 2015.

Figura 14: Espaços comerciais luxuosos no boulevard da AURP (autor, 2015).

Figura 15: Segurança excecional nos pontos de entrada e espaços da avenida na AURP (autor, 2015).

5.3.3 Imagem e discurso

Os promotores fizeram um esforço adicional na promoção do projeto. Inicialmente publicitado como a "Nova Baixa de Amã", o slogan tinha por objetivo realçar a importância do empreendimento e a sua centralidade, na esperança de suscitar mais interesse e sensibilização. Mas o slogan recebeu mais atenção do que o esperado. Muitas vozes públicas opuseram-se à ideia de ter um novo centro da cidade e afirmaram o original. Mais tarde, os anúncios e boletins informativos da AURP começaram a referir-se ao empreendimento como a zona comercial central.

Em Amã, os anúncios sobre o projeto eram predominantes sob várias formas, desde enormes painéis publicitários[9] a artigos de jornal. Os anúncios apresentavam as instalações disponíveis no empreendimento como requisitos espectaculares de topo de gama para alcançar o elevado estatuto

---

[9] Havia mesmo "o maior cartaz exterior do Levante" afixado numa das fachadas de um edifício na rua Al-Madina, na zona ocidental de Amã. O cartaz foi "utilizado para mostrar a magnitude e a grandeza do projeto" (AID, 2010).

social reificado, um estatuto que também era enfatizado e plantado na contemplação dos residentes. A retórica das promoções prometia um estilo de vida luxuoso e exclusivo num ambiente controlado, em pleno coração da cidade. Slogans como "O negócio que lhe convém", "Experiências que deseja" e "Estilo de vida a que aspira" dominavam os títulos dos anúncios da AURP (AID, 2010). A intenção é bastante clara e óbvia, como afirma o CEO do The Abdali Boulevard no boletim informativo da AID (2011): "o Boulevard não vai mudar apenas um ou dois aspectos da vida dos Ammani. Vai mudar todo o estilo de vida, seja nos negócios, entretenimento, compras, saúde ou gastronomia, para se tornar um centro para o qual os jordanos e os turistas gravitam". O discurso do projeto visa induzir os habitantes de Ammani ao consumo e a uma "sociedade do espetáculo", encorajando o estilo de vida de uma minoria na Jordânia, um estilo de vida que interessa à AID porque é capaz de gerar mais lucros.

Além disso, a AID preocupou-se muito com a imagem moderna do projeto, pois acredita-se que esta reforça a competitividade e a atratividade do empreendimento a várias escalas. A imagem foi inspirada noutros centros modernos de várias cidades mundiais, onde edifícios monumentais brilham através dos materiais de acabamento predominantes e das qualidades tectónicas de ponta, para além da sua reputação e associação a arquitectos de renome.

Para alcançar esta imagem, os promotores contrataram a Laceco para desenhar o masterplan do empreendimento. A Laceco é uma empresa internacional de arquitetura e consultoria com origem em Beirute, no Líbano. Anteriormente, o mesmo gabinete participou no processo de planeamento de um dos maiores empreendimentos de Beirute, o Beirut Central District. O projeto visava reconstruir e desenvolver uma área devastada no centro da cidade que sofreu a Guerra Civil Libanesa. Desenvolvidos pelos mesmos projectistas, e até pelo mesmo investidor principal (Rafic Hariri), os dois projectos

Figura 16: A retórica prevalecente nos espaços dentro e à volta do empreendimento (autor, 2015).

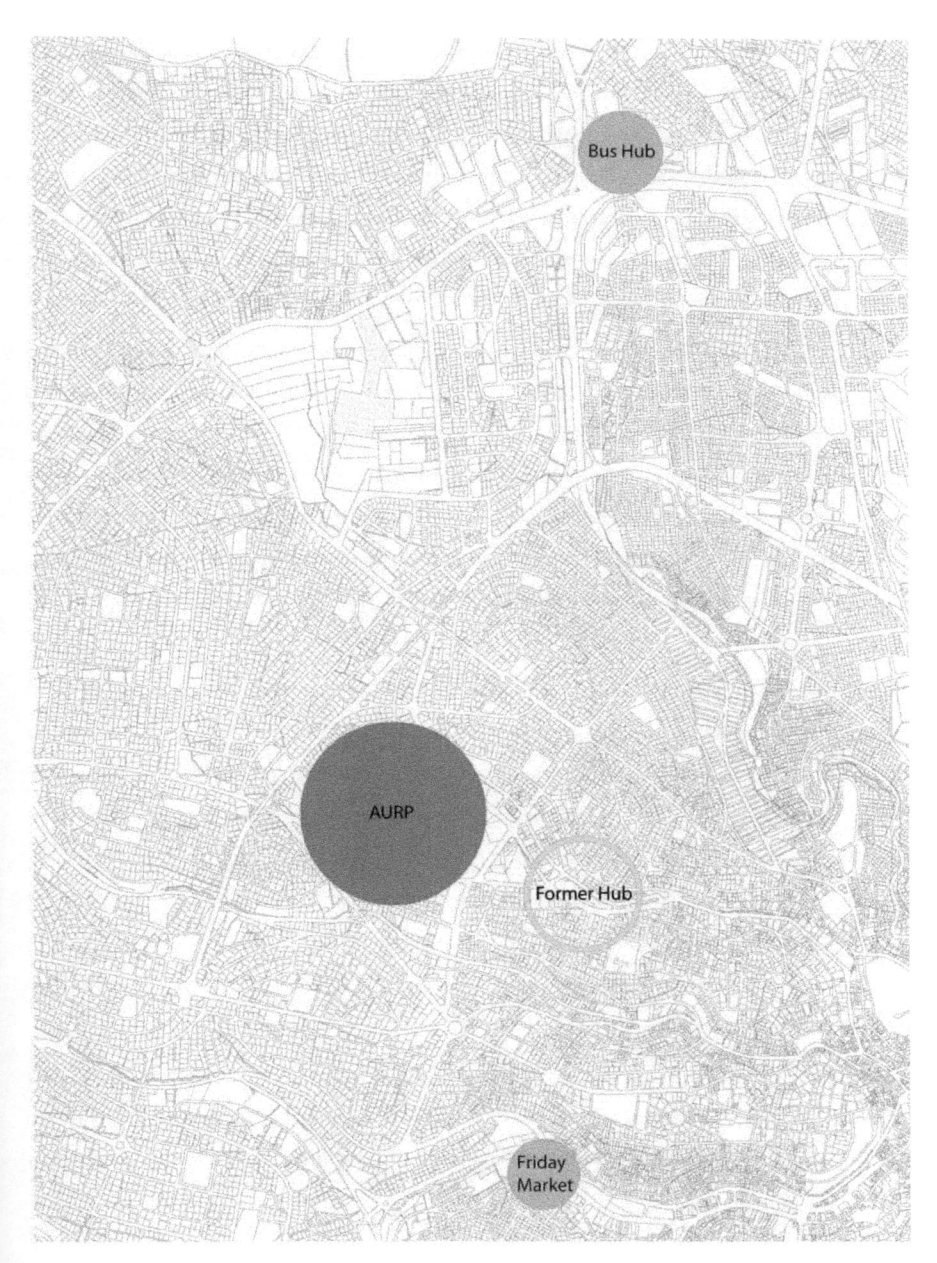

partilham uma imagem e um estilo semelhantes que, supostamente, colocarão as respectivas cidades no mercado global. Sob a globalização e o planeamento neoliberal, as cidades começam a desenvolver semelhanças e a perder as suas identidades originais.

Nos seus projectos para a AURP, a Laceco introduziu sete arranha-céus e outros edifícios altos. Os edifícios altos tornaram-se sinais essenciais de modernidade em todo o mundo, principalmente devido à sua associação aos países desenvolvidos. Apesar dos regulamentos e condições originais para a construção de edifícios altos em Amã, os promotores conseguiram facilmente influenciar o GAM no sentido de legitimar a construção de edifícios altos no local, de modo a poderem prosseguir os seus planos (Rajjal, comunicação pessoal, 2015; Musa, 2013). No âmbito da AURP, os edifícios baixos foram substituídos por edifícios altos, alterando assim o carácter e a imagem do bairro.

Numa escala maior, o projeto também influenciou a imagem da região. A AURP incentivou o Estado a captar o "défice de renda" alargado no seu bairro. Ao fazê-lo, os processos de reconversão através do "disciplinamento" das populações indesejadas são encorajados para que a imagem da cidade, que é crucial para competir por investimentos, "não seja comprometida pela presença visível desses mesmos grupos marginalizados" (MacLeod, 2002: 602). Al-Abdali inclui uma série de "áreas de bolso de potencial gentrificação" (Marcuse, 1985: 204), áreas privilegiadas para o desenvolvimento, como a área adjacente ao antigo centro de transportes de Abdali, que também acolheu o mercado de sexta-feira.

A deslocalização do terminal rodoviário no ano de 2007, que se situava a menos de um quilómetro do local do empreendimento, teve um grande impacto na região. Antes de a área ser designada como a "Nova Baixa", Al-Abdali era o principal centro de transportes públicos[10] para norte. Este centro foi transferido para Tabarbour, na periferia norte da cidade, de acordo com os planos de regeneração da zona. Foram apresentadas propostas, mas nenhuma foi iniciada (Rajjal, comunicação pessoal, 2015). No entanto, a deslocação teve grande influência para os trabalhadores[11] e para os serviços dependentes do terminal rodoviário de Al-Abdali. A área em redor do terminal estava cheia de garagens e lojas de serviços automóveis não profissionais que perderam os seus negócios com a deslocalização.

O Friday Market[12] aproveitou esta deslocalização e a ausência de regeneração para expandir o para cerca de 1300 quiosques ao longo dos anos. No final de 2014, assistiu-se à deslocalização, há muito esperada, do mercado Al-Abdali. O processo não correu bem, pois teve a oposição dos vendedores

---

10 Os transportes públicos na Jordânia estão limitados aos serviços de automóveis, que incluem autocarros, táxis e táxis partilhados.
11 Em Amã, a posse de automóvel é comum e preferível. Os utentes que dependem dos transportes públicos são os de baixo estatuto social que não podem suportar as despesas de um automóvel. Os entrevistados deslocados eram utilizadores frequentes do terminal rodoviário, mas não totalmente dependentes dele, pelo que não faziam parte deste grupo social (comunicação pessoal, 2015).
12 O mercado das sextas-feiras é um mercado local semanal ao ar livre que se realiza aos fins-de-semana e que foi uma componente importante de Al-Ab-dali durante um longo período de tempo.
Figura 17: As novas localizações do Terminal Rodoviário e do Mercado de Sexta-Feira em relação à AURP (autor, 2015).

e utilizadores que afirmam que milhares de famílias dependem deste mercado essencial (Mohammad, comunicação pessoal, 2015). Alguns vendedores recusaram simplesmente a ordem de evacuação e continuaram a funcionar os seus quiosques durante semanas após o último dia designado para o mercado. Por fim, a deslocação foi forçada pela polícia, que dispersou os manifestantes e tomou conta do local (ibid).

O mercado foi transferido sem qualquer justificação clara (ibid) para as instalações da antiga fábrica de charutos em Ras El-Ain, também situada no centro da cidade, mas mais distante da AURP. O novo local, limitado, não podia acolher todos os antigos vendedores, uma vez que apenas oferece 400 espaços para quiosques. Além disso, os espaços passaram a ser alugados, ao contrário do que acontecia no caso informal de Al-Abdali. Quase todos os negócios foram degradados no novo sítio. A introdução de rendas levou a um aumento dos preços das mercadorias, o que, por sua vez, subestimou a principal caraterística do mercado, ou seja, os preços reduzidos. A nova localização foi também considerada por muitos como inadequada e desencorajadora, pois carece de lugares de estacionamento e de acessibilidade para os peões (Mohammad, comunicação pessoal, 2015).

Em suma, o bairro foi limpo dos grupos "não apresentáveis" e dos seus centros. O terminal de autocarros e o mercado das sextas-feiras foram simplesmente deslocados, após décadas de funcionamento em Al-Abdali. A deslocação excluiu as instalações e os utilizadores pré-existentes da vizinhança da AURP. Ao fazê-lo, foi dada pouca atenção aos grupos afectados. Parece que o Estado estava muito ocupado com o "embelezamento" do centro da cidade e com a sua imagem, na esperança de desencadear mais oportunidades de investimento, à custa dos habitantes locais.

Figura 18: O local do antigo terminal de autocarros numa sexta-feira, que era o dia mais animado devido ao mercado.

A imagem inferior mostra o encerramento de algumas lojas de garagem adjacentes em resultado de uma diminuição da atividade (autor, 2015).

Figura 19, em cima: O antigo local do mercado de sexta-feira (Jordan Times, 2014).

centro: O relativamente inativo novo mercado de sexta-feira (autor, 2015).

em baixo: Um graffiti emotivo no novo local do mercado. Uma resposta à desculpa de "embelezamento" da deslocalização forçada, traduzida para "Os nossos mercados... São limpos através das suas gentes" (autor, 2015).

Capítulo 6: Conclusão

6.1 Destruição criativa

A AURP teve um enorme impacto em Amã, dando início a um processo de reestruturação urbana na cidade. Considerando a sua localização histórica, centralidade e escala, o projeto tinha um grande potencial para brilhar no contexto e na comunidade. No entanto, o desenvolvimento deu pouca atenção ao sector social, apesar de numerosas retóricas oficiais como "O nosso sucesso dependerá das nossas relações com os nossos parceiros e a comunidade, e é por isso que em todos os aspectos da conceção, Por isso, em todos os aspectos da conceção, pensámos nas melhores formas de responder às necessidades de Amã, tendo em conta os aspectos sociais e ambientais do desenvolvimento da cidade", declarou o presidente da empresa (Barbir, 2012), e "Abdali Psc fez disso uma prioridade para contribuir para as necessidades de Amã e ter em consideração os aspectos sociais e ambientais do seu desenvolvimento", descrito no boletim informativo do projeto (AID, 2008). A empresa iniciou um programa social chamado "Ru'yatuk" (Mawared, 2010c; AID, 2008), mas as suas actividades lidam sobretudo com grupos-alvo externos. Um exemplo é o programa "Najah" que se centra nos grupos de jovens desfavorecidos de Al-Jiza, um distrito que fica a mais de 30 km a sul do centro da cidade (ibid).

Os promotores do AURP não reflectiram a opinião dos cidadãos existentes no local e nas suas imediações sobre a forma como a área deveria ser desenvolvida ou como o projeto os afectaria. Os planos foram mesmo finalizados antes da aquisição da propriedade privada no local. O empreendimento introduziu instalações e serviços de topo de gama que não reflectiam as necessidades, capacidades ou estilo de vida dos habitantes locais. Foram antes importados de países mais desenvolvidos com elevados padrões de consumo.

Harvey argumenta que a urbanização "tem desempenhado um papel crucial na absorção de excedentes de capital e tem-no feito a escalas geográficas cada vez maiores, mas ao preço de processos crescentes de destruição criativa que implicam a desapropriação das massas urbanas de qualquer direito à cidade" (2012: 22). Estes processos estão tipicamente associados à classe social, uma vez que são sobretudo "os pobres, os desprivilegiados e os marginalizados do poder político" que são afectados (Harvey, 2012:16). Em Al-Abdali, a destruição criativa teve como alvo instalações militares e de segurança significativas, instituições educativas, instalações comerciais, edifícios residenciais[13], e até um grande número de árvores antigas. Os componentes foram deslocados pela

---

[13] É importante mencionar que nenhum dos entrevistados deslocados visitou a AURP mais do que uma vez desde a sua deslocação, ou seja, há cerca de uma década (comunicação pessoal, 2015).

força, força real, ao contrário dos efeitos impessoais das "tendências do mercado" (Marcuse, 1985). O terminal de autocarros circundante e o mercado de sexta-feira também foram vítimas do processo. Independentemente da intenção genuína por detrás das deslocalizações, parece haver um plano claro para "embelezar" o bairro do empreendimento através da deslocação de grupos "indisciplinados".

"New Downtown for Amman", o slogan original do empreendimento, descreve bem o risco e o efeito que terá na estrutura da cidade. Com o centro original a menos de dois quilómetros de distância, o novo empreendimento irá competir e possivelmente atrair mais utilizadores através da sua retórica glamorosa e da sua arquitetura brilhante. Tendo em conta as funções propostas - um parque de tecnologias da informação, um centro de turismo médico, instalações de ensino superior e espaços residenciais comerciais de topo de gama - o empreendimento irá certamente marginalizar os utilizadores da antiga baixa que não podem beneficiar destes serviços e que, em breve, se aperceberão de que não pertencem a ela.

6.2 Gentrificação em Amã

O estudo de caso da AURP, o maior empreendimento imobiliário em Amã, mostrou que as forças motrizes, os processos e os impactos da transformação urbana na cidade são muito semelhantes aos que dominam as teorias globais do ambiente urbano construído. A gentrificação é um subproduto da urbanização de alta classe na altamente densa Amã. O processo parece estar a inverter a tendência mais antiga das povoações, em que a classe alta residia longe dos locais centrais da cidade. Enquanto esta classe está agora a "reclamar" o centro da cidade, os pobres estão a ser empurrados para fora da área por forças regulamentares e de mercado. A gentrificação resultou na deslocação e exclusão dos grupos originais das classes baixa e média, juntamente com os seus centros e serviços.

No entanto, a gentrificação em Al-Abdali não é apenas uma "remodelação espacial" das populações existentes na cidade (Marcuse, 1985), é antes um afluxo de grupos ricos adicionais da região, uma vez que a maioria da população local não pode pagar as instalações e serviços oferecidos na AURP. A contínua instabilidade de muitos países do Médio Oriente e a disponibilidade de espaços de luxo em Al-Abdali destacaram o centro da cidade de Amã como um refúgio seguro para residentes e empresas prósperas de toda a região. É seguro assumir que a maioria dos espaços da AURP será ocupada por empresários abastados, muitos dos quais oriundos dos Estados do Golfo, como se conclui de uma comunicação com um funcionário da DAMAC. Enquanto a gentrificação descreve normalmente a entrada de grupos da classe média na zona gentrificada, o caso de Al-Abdali diz respeito a uma classe social muito mais elevada. Estes "super-gentrificadores" têm um estilo de vida muito luxuoso e padrões de consumo elevadíssimos que lhes permitem possuir várias casas regionais. O resultado em Al-Abdali será a existência de habitações vazias durante a maior parte do ano, como acontece em Beirute[14] e em muitas outras cidades globais. Por conseguinte, os gentrifiers de Al-Abdali não terão o mesmo impacto na estrutura local que em casos mais prevalecentes de gentrificação.

Em Amã, os mecanismos de desenvolvimento urbano são submissos à elite e aos economicamente privilegiados. Mas, ao contrário das economias capitalistas avançadas, os promotores não estão completamente separados do governo. O AURP, tal como a maioria dos desenvolvimentos gentrificantes de contextos neoliberais semelhantes, foi impulsionado pelo capital global e facilitado pelo governo, mas também foi partilhado pelo Estado. Foi criada uma empresa estatal de investimento (Mawared), não só para supervisionar o desenvolvimento das instalações militares urbanas nas cidades jordanas, mas também para estabelecer parcerias com os promotores imobiliários sob a forma de PPP. O diretor da Mawared é o único representante do governo em Abdali Psc. (Rajjal, comunicação pessoal, 2015). Assim, como é que uma parte interessada dominada pelo lucro pode representar e satisfazer as exigências do público pobre? Por outro lado, porque é que um investidor privado internacional se preocuparia individualmente com a comunidade local?

6.3 Imobiliário especulativo

Harvey argumenta que a absorção de capital introduziu "um monte de projectos de urbanização loucos que não têm nada a ver com as necessidades reais da massa das populações", são simplesmente desenvolvidos e depois especulados (2011: 36). Num momento ou noutro, as dívidas vencem e alguém tem de as pagar (ibid). Em Al-Abdali, a emissão de bilhetes de entrada no espaço supostamente público do The Boulevard denota este argumento.

Então, será que as funções e os serviços propostos em Al-Abdali foram produzidos a partir de uma análise exaustiva? De acordo com Rajjal, a AID contratou uma empresa profissional para efetuar um estudo de mercado, mas o estudo não prestou muita atenção à comunidade local (comunicação pessoal, 2015). A empresa justifica o seu plano diretor com a descrição de números estatísticos gerais:

As estimativas actuais da população do Departamento de Estatística apontam para 5,67 milhões de

---

[14] Para mais informações sobre a gentrificação em Beirute, ver "Capital, state and conflict: the various drivers of diverse gentrification processes in Beirut, Lebanon" por Marieke Krijnen e Christiaan De Beukelaer em "Global Gentrifications, Uneven development and displacement" (Lees et al., 2015).

habitantes, prevendo-se um crescimento de 2,26%. A população jordana é também relativamente jovem, com uma idade média de 20,1 anos em 2005, o que significa um forte potencial para o futuro do sector imobiliário, à medida que a população jovem envelhece e casa, necessitando de casa própria. O número de turistas que visitam o Reino também tem vindo a aumentar de forma constante: 21,5% em 2004, 4,1% em 2005 e 13% em 2006. Em 2006, o número total de visitantes ascendeu a 6,57 milhões (dos quais 3,35 milhões de visitantes no próprio dia e 3,23 milhões de visitantes durante a noite). Estes números elevados revelaram uma grave escassez de alojamento em hotéis em todo o Reino. (AID, 2008)

É irrealista justificar um desenvolvimento tão maciço no coração da capital com estatísticas relativas à demografia e ao turismo do país. Em primeiro lugar, os números crescentes do turismo na Jordânia não incluem necessariamente Amã. A Jordânia alberga Petra, Wadi Rum, o Mar Morto e outros sítios únicos que são independentes da capital. Os promotores esperam que a reluzente "Nova Baixa" coloque Al-Abdali no mapa turístico da Jordânia. Mas então porque é que alguém iria ver um empreendimento que existe em quase todas as outras cidades do mundo (Harvey, 2011)? A baixa original, por outro lado, é uma grande atração em Amã devido à sua história, informalidade e arquitetura vernacular.

Em segundo lugar, os planeadores parecem ter assumido que o aumento da oferta será satisfeito pela procura cada vez maior de alojamento na Jordânia. No entanto, considerar o crescimento da população sem analisar a estrutura socioeconómica do país e, mais importante ainda, da cidade, irá certamente desfavorecer o desenvolvimento. Como demonstra o capítulo 5.3.2, a situação económica da maioria dos jordanos não lhes permite beneficiar de instalações e serviços tão caros. Através do discurso do projeto e da retórica do , os promotores pretendem encorajar o tipo de classe média que está habilitada a obter empréstimos a investir no empreendimento. Mas estão a contar mais com a procura sazonal de expatriados ricos e de turistas dos Estados do Golfo "que desejam escapar ao calor nos seus próprios países" (AID, 2008). Quarenta e três por cento da área total de construção do projeto, de dois milhões de metros quadrados, são destinados a espaços residenciais (Abdali, 2012a). A questão que se coloca é a de saber se esta procura aliviada irá satisfazer a enorme oferta.

6.4 A nova imagem de Amã

Al-Abdali foi um dos bairros mais significativos para os moradores de baixa renda da cidade. Os utilizadores desenvolveram significados e relações com os seus edifícios, becos, ruas e passeios, pois é nesses espaços que existem e interagem. Para muitos deles, esses "espaços de heterotopia" são as únicas opções de participação na cidade. A AURP substituiu este grupo, juntamente com os seus centros informais, por uma raça de "super-gentíficos" que vivem acima da cidade. A área foi transformada numa ilha consumista de luxo onde as qualidades da urbanidade se tornaram "mercadorias" (Harvey, 2012).

Partilhando a mesma empresa de design e o mesmo promotor, o AURP não será muito diferente do Central Business District de Beirute ou de qualquer outro centro neoliberal. Em termos de impacto visual, o projeto acrescentará mais sete arranha-céus à linha de horizonte baixa de Amã. O local está situado numa zona relativamente alta da cidade, a cerca de 900 metros acima do nível do mar (Abu-Ghazalah, 2007). Por conseguinte, os arranha-céus propostos tornar-se-ão os novos marcos da cidade, elevando-se acima dos minaretes e cúpulas originais.

A Abdali Psc. sublinhou muito a imagem moderna do seu desenvolvimento com ênfase na sustentabilidade, mas apenas na sustentabilidade ambiental. O cumprimento das normas LEED foi incentivado pela empresa, que dedicou uma página inteira do seu sítio Web a iniciativas e apoios ecológicos. O eco-branding é utilizado como estratégia de mercado para atrair

Figura 20: Os novos "minaretes" de Amã (autor, 2014).

uma população mais rica que, indiretamente, apresenta a retórica de que os jordanos são cidadãos de classe alta e amigos do ambiente.

A promoção da imagem alargou-se também ao meio académico. Como parte do seu papel cívico, a empresa apoiou o projeto de graduação de um grupo de estudantes de uma das mais proeminentes universidades de arquitetura da Jordânia. O projeto incluía a conceção de edifícios altos que cumprissem as especificações e os requisitos do "novo centro da cidade" (AID, 2007). Estas iniciativas podem influenciar grandemente a nova geração de arquitectos e produzir um impacto a longo prazo na cidade.

O "sucesso" da AURP desencadeará mais desenvolvimentos da mesma natureza, transformando gradualmente o carácter e a identidade de Amã. Uma cidade que já foi conhecida pelas suas montanhas, escala humana e arquitetura vernacular será, se esta tendência se mantiver, conhecida pelas suas torres e zonas comerciais.

6.5 Melhor planeamento futuro

Esta tese apela a uma abordagem melhor e mais sensível do planeamento. Uma abordagem que compreenda os benefícios do capital e dos investimentos globais, mas que também preste atenção às necessidades e exigências do contexto local, sem diferenciação entre grupos sociais, reconhecendo a cidade como um "direito" básico e não como um "bem" económico.

A pressão da gentrificação sobre as zonas centrais das cidades irá aumentar. Embora a gentrificação possa resultar numa série de vantagens para a cidade, como a melhoria da qualidade física da habitação e a atração de residentes com rendimentos mais elevados, também cria deslocações e perturbações para os residentes originais (Marcuse, 1985). Infelizmente, não se trata apenas de uma questão de pesar as vantagens e as desvantagens, porque o processo envolve diferentes grupos-alvo. Se esta tendência se mantiver, as opções de habitação a preços acessíveis na cidade serão reduzidas e os residentes com baixos salários serão perpetuamente deslocados para a periferia da cidade em constante crescimento. A solução deve ser aplicável, não recusando a gentrificação, mas atenuando o problema da deslocação. Assim, "a questão pode pelo menos ser avançada para uma discussão sobre "como melhor", em vez de "se" evitar a deslocação" (Marcuse, 1985).

"A política geral adoptada em todas as cidades do Médio Oriente é a elaboração de planos diretores para alterar a utilização dos solos existentes em função de novos objectivos de crescimento. Muitos destes planos foram preparados sem uma compreensão adequada das necessidades da cidade, onde se verificou uma mistura de usos do solo, e sem qualquer cooperação entre os planeadores e as pessoas para quem estão a planear" (Abu-Ghazalah, 1990). Infelizmente, mais de uma década depois, Amã parece continuar a sofrer do mesmo problema. O município desempenha um papel importante nesta falha. O GAM deveria conceber um plano diretor completo para a cidade e impô-lo aos promotores imobiliários, ao contrário do que aconteceu em Al-Abdali, onde ajustou os planos de ordenamento do território e os regulamentos de construção de acordo com a vontade da AID. O plano deve ter em conta as necessidades e capacidades da cidade, pois Amã tem um mercado muito limitado[15] , e incentivar desenvolvimentos mais inclusivos. Além disso, o município deve dar prioridade à população local e não favorecer os promotores imobiliários, como foi o caso no processo de expropriação de Al-Abdali.

O município e o Estado devem garantir que ninguém seja privado do seu "direito à cidade". Mas este "direito" é absoluto, depende de quem o pode reivindicar (Harvey, 2012). Qualquer pessoa pode reivindicá-lo e tem todas as razões para o fazer. Mas reivindicar o direito à cidade não é apenas lutar pela localização central da cidade e pela igualdade de serviços, é "reivindicar algum tipo de poder de modelação sobre os processos de urbanização, sobre as formas como as nossas cidades são feitas e refeitas, e fazê-lo de uma forma fundamental e radical" (Harvey, 2012: 5). Portanto, é o direito de controlar o que está a "remodelar o nosso mundo hoje" (Saad-Filho e Johnston, 2005), ou seja, o neoliberalismo.

---

[15] A cidade foi afetada por uma série de espaços de consumo fechados desde o final do século XX. Numerosos centros comerciais sucederam-se em termos de popularidade e de vitalidade económica. A atividade do centro comercial Abdoun diminuiu com a abertura do centro comercial Meca, que foi afetado pelo centro comercial City, que se seguiu e que também se degradou devido ao centro comercial Taj, mais recente. O centro comercial Abdoun já fechou e o centro comercial Al-Baraka está a caminho, devido à grande abertura do centro comercial Galleria adjacente. A AURP apresentará o centro comercial Al-Abdali, que foi projetado para ser o maior centro comercial de Amã. Que efeito terá sobre os outros?

Bibliografia

Ababsa, M. (2011). Disparidades sociais e políticas públicas em Amã. *Cidades, Práticas Urbanas e Construção da Nação na Jordânia. Villes, pratiques urbaines et construction nationale enJordanie.*, 205-232.

Ababsa, M. (2013). A área construída de Amã Ruseifa-Zarqa: o coração da economia nacional. *Atlas da Jordânia: história, territórios e sociedade*, 384-397.

Abdali (2012a). *Visão geral do projeto*. Abdali, http://www.abdali.jo/ (Acedido em 2015).

Abdali (2012b). *Abdali PSC*. Abdali, http://www.abdali.jo/ (Acedido em 2015).

Abu-Ghazalah, S. M. (1990). *Reforma das cidades do século XXI*. Estabelecimento de Serviços Comerciais de Filadélfia, Pub. e Departamento de Distribuição.

Abu-Ghazalah, S. (2007). Skyscrapers as tools of economic reform and elements of urban skyline: Case of the abdali development project at Amman. *METU Journal of the Faculty ofArchitecture*, *24*(1), 49-70.

AID (2007). *Boletim informativo de Abdali, número 3*. Abdali, http://www.abdali.jo/index.php?r=media/newsletter (Acedido em 2015).

AID (2008). *Boletim informativo Abdali, número 4*. Abdali, http://www.abdali.jo/index.php?r=media/newsletter (Acedido em 2015).

AID (2010). *Boletim informativo Abdali, número 10*. Abdali, http://www.abdali.jo/index.php?r=media/newsletter (Acedido em 2015).

AID (2011). *Boletim informativo de Abdali, número 11*. Abdali, http://www.abdali.jo/index.php?r=media/newsletter (Acedido em 2015).

Al-Bawaba (2006). *A DAMAC Properties introduz "The Heights" na deslumbrante zona de Abdali, em Amã*. Albawaba News, http://www.albawaba.com/news/ damac-properties-introduces-%E2%80%9C-heights%E2%80%9D-stunning-abda- li-area-amman (Acedido em 2015).

Alon, Y. (2007). *Making ofJordan: Tribes, Colonialism and the Modern State* (Vol. 61). IBTauris.

Barbir, S. (2012). *Mensagem do Presidente*. Abdali, http://www.abdali.jo/index.php?r=site/page&id=16 (Acedido em 2015).

Barthel, P. A., et al. (2010). *Os megaprojectos árabes*. Alexandrine Press.

Bloomberg (2008). *Bahaa Hariri deixa a Saudi Oger para gerir a sua própria empresa imobiliária*.

Bloomberg, http://www.bloomberg.com/apps/news?pid=newsar- chive&sid=a5kYI_zqE0lg (Acedido em 2015).

Butler, T., & Lees, L. (2006). Super-gentrificação em Barnsbury, Londres: globalização e gentrificação das elites globais ao nível do bairro. *Transactions of the Institute ofBritish Geographers*, *31* (4), 467-487.

Daher, R. (2013). Transformações urbanas neoliberais na cidade árabe: Meta-narra- tivas, disparidades urbanas e a emergência de utopias consumistas e geografias das desigualdades em Amã. *Environnement urbain/Urban Environment, 7,* 99-115.

Daher, R. (2011). Discursos do Neoliberalismo e Disparidades na Paisagem da Cidade: Gruas, Crateras e uma Urbanidade Exclusiva. *Collections électroniques del'If- po. Livres en ligne des Presses de l'Institutfrançais du Proche-Orient*, 6, 273-295.

Departamento de Estatística (2013). *Anuário estatístico de 2013*. Departamento de Estatística, http://dos.gov.jo/dos_home_e/main/yearbook_2013.pdf (Acedido em 2015).

Departamento de Estatística (2014). *Estatísticas demográficas de 2014 de Al-Abdali.* Departamento de Estatística (recuperado pessoalmente em 2015).

El-Ghul, A. (1999). Urban Growth And Regional Planning in the Arab World "Case Study of Jordan". *Urbanistca PVS,* Universidade La Sapienza.

GAM (2008), *O Plano de Amã: Relatório sobre o crescimento metropolitano*. Município da Grande Amã, www.ammancity.gov.jo.

GAM (2009), *The Story of Amman, Amman City 100*. Município da Grande Amã, http://www.ammancity100.jo/en/content/story-amman/ancient-history (Acedido em 2014).

Ham, A., & Greenway, P. (2003). *Jordan*. Lonely Planet.

Harvey, D. (2005). *A briefhistoryofneoliberalism*. Oxford University Press.

Harvey, D. em conversas com Robles-Duran, M. (2011). A cidade neoliberal: investimento, desenvolvimento e crise. *Urban Asymmetries: Estudos e Projectos sobre a Urbanização Neoliberal*, eds. Tahl Kaminer, Miguel Robles-Duran e Heidi Sohn, 34-45.

Harvey, D. (2012). *Rebel cities: from the right to the city to the urban revolution [Cidades rebeldes: do direito à cidade à revolução urbana]*. Verso Books.

Henry, C. M., & Springborg, R. (2010). *Globalization and the Politics of Development in the Middle*

East (Vol. 1). Cambridge University Press.

Jordan Times (2010). *Report on state-owned Mawared forwarded to anti-corruption agency*. Jordan Times, http://www.jordantimes.com/news/local/report- state-owned-mawared-forwarded-anti-corruption-agency (Acedido em 2015).

Jordan Times (2014). *Os sírios constituem um quinto da população de Amã - números oficiais*. Jordan Times, http://www.jordantimes.com/news/local/syrians-consti- tute-one-ffth-amman-population-%E2%80%94-official-fgures (Acedido em 2015).

Kaminer, T., Robles-Duran, M. e Sohn, H. (2011). *Introduction. Urban Asymmetries: Estudos e Projectos sobre a Urbanização Neoliberal*, eds. Tahl Kaminer, Miguel Robles-Duran e Heidi Sohn, 10-21.

Lees, L., Shin, H. B., & Lopez-Morales, E. (Eds.). (2015). *Global Gentrifications: Uneven Development and Displacement [Desenvolvimento desigual e deslocação]*. Policy Press.

Lees, L., Slater, T., & Wyly, E. (2008). *Gentrification*. Routledge.

MacLeod, G. (2002). Do empreendedorismo urbano a uma "cidade revanchista"? Sobre as injustiças espaciais do renascimento de Glasgow. *Antipode, 34*(3), 602-624.

Makhamreha, Z., & Almanasyeha, N. (2011). Analyzing the State and Pattern of Urban Growth and City Planning in Amman Using Satellite Images and GIS. *Euro- peanJournalofSocialSciences, 24*(2), 225-264.

Marcuse, P. (1985). Gentrifcation, abandonment, and displacement: Connections, causes, and policy responses in New York City. *Wash. UJ Urb. & Contemp. L., 28*, 195.

Marris, P. (1986). Loss and Change, rev. edn. *Routledge & Kegan Paul, Londres, 168*, 99-108.

Mawared (2010a). *About Jordan*. Mawared, http://www.mawared.jo/ (Acedido em 2015).

Mawared (2010b). *Sobre nós*. Mawared, http://www.mawared.jo/ (Acedido em 2015).

Mawared (2010c). *Servir as comunidades*. Mawared, http://www.mawared.jo/ (Acedido em 2015).

Ministério do Planeamento e da Cooperação Internacional (2014). *Jordan Response Plan 2015 for the Syria Crisis*, http://www.jo.undp.org/content/dam/jordan/docs/ Publications/JRP+Final+Draft+2014.12.17.pdf (Acedido em 2015).

Musa, M. (2013). *Constructing global Amman: petrodollars, identity, and the built environment in the early twenty-first century* (Dissertação de doutoramento, Universidade de Illinois em Urbana-

Champaign).

Namrouqa (2012). *Activistas intensificam campanha para salvar árvores e marcos da destruição no projeto Abdalip*. Jordan Times, http://www.jordantimes.com/news/ local/activists-step-campaign-save-trees-landmark-destruction-abdali-project (Acedido em 2015).

Instituto Norueguês de Investigação Fafo, Departamento de Estatística e Fundo das Nações Unidas para a População (UNFPA). (2007). *Iraqis in Jordan: Their number and characteristics*.

Parker, C. (2009). Passagens por túneis e minaretes do capitalismo: Amman as neoliberal assemblage. *PoliticalGeography*, *28*(2), 110-120.

Peck, J., & Tickell, A. (2002). Neoliberalização do espaço. *Antipode*, *34*(3), 380-404.

Porter, L., & Shaw, K. (2013). *Whose Urban Renaissance? An international comparison ofurban regeneration strategies*. Routledge.

Potter, R. B., Darmame, K., Barham, N., & Nortcliff, S. (2009). "Ever-growing Amman", Jordânia: Expansão urbana, polarização social e questões contemporâneas de planeamento urbano. *Habitatinternational*, 33(1), 81-92.

Ryan, A. (1993). Liberalism. *A companion to contemporary political philosophy*, 291-311.

Saad Filho, A., & Johnston, D. (2005). *Neoliberalismo: A critical reader*. Pluto Press.

Schlumberger, O. (2002). Jordan's Economy in the 1990s: Transition to Development. *Jordan in Transition*, Londres: C. Hurst & Co, 225-253.

Shami, S. (1996). The Circassians of Amman: historical narratives, urban dwelling and the construction of identity. *Amman: The City and Its Society*. Beirute: CERMOC.

Smith, N. (2002). Novo globalismo, novo urbanismo: a gentrificação como estratégia urbana global. *Antipode*, *34*(3), 427-450.

Summer, D. (2006). A neoliberalização do espaço urbano. Redes de investimento transnacionais e a circulação de imagens urbanas: Beirute e Amã. *Villes et Territoires du Moyen-Orient*, *2*.

The Boulevard (2015). *História. Boulevard*, http://www.abdali-boulevard.jo/site/ history (Acedido em 2015).

A brochura Abdali (2015). *Abdali Brochure*. Abdali, http://www.abdali.jo/index.php?r=site/page&id=26 (Acedido em 2015).

Thorsen, D. E., & Lie, A. (2006). What is neoliberalism. *Oslo, Universidade de Oslo, Departamento de*

Ciência Política, Manuscrito, 1-21.

Nações Unidas - Comissão Económica e Social para a Ásia Ocidental. (2005). *Urbanization and the changing character of the Arab city (Relatório n.º E/ESCWA/SDD/2005/1)*. NewYork: Nações Unidas.

Van Weesep, J. (1994). Gentrification as a research frontier. *Progress in Human Geography, 18*(1), 74-83.

Apêndice

Quadro 1: *Salário médio mensal dos trabalhadores dos sectores público e privado na Jordânia, ordenados por profissão*

Principais grupos profissionais	Percentagem de trabalhadores	Salário médio mensal (JOD)
Legisladores, altos funcionários e gestores	4.35	1,282
Profissionais	28.83	563
Técnicos e profissionais associados	9.58	453
Funcionários	8.73	404
Trabalhadores do artesanato e similares	11.72	320
Operadores e montadores de instalações e máquinas	11.42	292
Trabalhadores de serviços e vendas	13.11	276
Profissões elementares	12,26	272

Mês de referência: outubro de 2012. Adaptado do *Anuário Estatístico de 2013*, Quadro 4.3, p. 42. Departamento de Estatística, http://dos.gov.jo/dos_home_e/main/yearbook_2013.pdf (Acedido em 2015).

Tabela 2: *Preços de imóveis residenciais disponíveis num dos edifícios da DAMAC na AURP*

Piso n.º.	Tipo	Área (m^2)	Preço (JOD)
32	Cobertura duplex	660.49	1877200
29	Duplex	417.6	1055000
28	3 BR	330.37	834700
6	3 BR	312	663500
23	3 BR	272.05	658700
5	3 BR	312	656900
28	1 BR	250.93	634000
2	2 BR	190.03	400100
1	2 BR	169.84	357600
3	1 BR	95.82	201800
3	1 BR	91.86	193400

Com base numa comunicação com um funcionário da DAMAC. "Todos os preços indicados nesta comunicação são válidos apenas para hoje e estão sujeitos a alterações sem aviso prévio" (outubro de 2015).

Quadro 3: *Médias dos preços do sector imobiliário em Amã, 2007*

Area Number	Area	Rent (JD per m2)									Price (JD per m2)	
		Residential (100 m2)	Residential (120-150 m2)	Residential (170 m2)	Commercial (50 m2)	Commercial (70-100 m2)	Commercial (150 m2)	Offices (50 m2)	Offices (70-90 m2)	Offices (120 m2)	Residential	Commercial
1	Al-Madinah	0.92	0.80	0.74	3.18	2.16	1.35	1.85	1.40	1.06	35.00	66.88
2	Basman	1.06	0.97	0.77	5.01	3.71	1.94	2.80	2.16	1.48	50.71	96.43
3	Al-Nasser	1.35	1.32	0.99	3.04	2.24	1.25	2.48	2.26	1.32	67.00	95.00
4	Al-Yarmouk	0.98	0.89	0.81	2.23	1.61	0.98	2.00	1.63	1.10	35.00	60.00
5	Al-Qweismeh, Abu Alanda, Al-Juwaideh, Al-Raqeem	1.18	1.12	0.89	2.93	2.31	1.20	2.13	1.69	1.12	60.83	76.50
6	Ras Al-A'in	1.28	1.14	0.88	3.00	2.24	1.23	1.97	1.56	1.21	88.33	167.50
7	Bader	1.36	1.29	0.94	3.48	2.64	1.35	2.58	2.03	1.18	110.00	149.00
8	Umm Gseir, Muqabelein, Al-Bnayyat	1.00	0.91	0.75	2.58	2.08	1.07	1.95	1.54	1.06	71.25	100.83
9	Zahran	2.14	1.88	1.55	5.84	4.50	2.39	5.24	4.09	2.57	212.00	530.00
10	Al-Abdali	1.90	1.65	1.39	6.50	4.56	2.50	4.88	3.56	2.41	272.50	507.50
11	Marka	0.98	0.88	0.79	3.25	2.63	1.33	2.50	2.00	1.33	46.25	83.33
12	Tareq	1.45	1.24	1.10	3.63	2.46	1.49	2.65	2.08	1.42	116.25	265.00
13	Al-Jubeha	2.34	1.98	1.58	4.04	3.06	1.69	3.86	2.85	1.88	242.14	735.00
14	Tla' Al-Ali, Umm Al-Summaq, Khalda	2.49	2.14	1.68	6.80	4.81	2.52	5.91	4.50	2.78	374.00	977.78
15	Wadi El-Seer	1.85	2.04	1.55	7.34	5.23	2.71	5.49	4.21	2.59	286.11	568.75
16	Sweileh	2.08	1.75	1.45	4.87	2.94	1.84	3.52	2.38	1.74	258.33	350.00
17	Abu Nseir	1.50	1.33	1.18	5.40	3.53	1.97	3.80	2.63	1.92	180.00	750.00
18	Sahab	0.85	0.74	0.71	3.80	2.35	1.47	1.80	1.25	1.08	90.00	100.00
19	Khreibet Al-Souq	1.20	1.19	0.85	5.20	3.53	1.93	3.70	2.50	1.92	50.00	200.00
20	Na'our and Marj Al-Hamam	1.58	1.33	1.15	4.45	3.12	1.67	5.50	4.00	2.56	187.50	500.00

Fonte: *Al-Balad as a place of heritage: problematising the conceptualisation of heritage in the context of Arab Muslim Middle East*, Quadro 2-3, p. 40. Uma dissertação de Janset Shawash (Bartlett Faculty of the Built Environment, Development Planning Unit, University College London).

I want morebooks!

Buy your books fast and straightforward online - at one of world's fastest growing online book stores! Environmentally sound due to Print-on-Demand technologies.

Buy your books online at
www.morebooks.shop

Compre os seus livros mais rápido e diretamente na internet, em uma das livrarias on-line com o maior crescimento no mundo! Produção que protege o meio ambiente através das tecnologias de impressão sob demanda.

Compre os seus livros on-line em
www.morebooks.shop

info@omniscriptum.com
www.omniscriptum.com

OMNIScriptum

www.ingramcontent.com/pod-product-compliance
Ingram Content Group UK Ltd.
Pitfield, Milton Keynes, MK11 3LW, UK
UKHW041935131224
452403UK00001B/158

Mazen Alazazmeh

Os efeitos sociais dos megaprojectos em Amã